SOPHIA SCHOENE

Bliss

GOLDMANN
Lesen erleben

Buch

Eine Vorstellung davon, wie wir uns fühlen würden, wenn wir rundum glücklich und zufrieden wären, haben wir alle: Es ist ein kraftvoller Zustand vollkommener Harmonie, der »Bliss«. In unserem täglichen Leben gibt es eine Vielzahl von Gründen, weshalb wir uns nicht im Bliss fühlen, und meist sind wir es selbst mit unseren Denk- und Handlungsmustern. Sophia Schoene hat eine Methode entwickelt, mit der jeder an den Ursachen arbeiten kann, die speziell ihn belasten. Vom Erkennen bis zum Durchbrechen des »Musters«, das die Energie des Bliss von uns abschirmt, bietet sie ein Programm der Selbstbefreiung und wir erleben wahre Freiheit.

Autorin

Sophia Schoene, 1982 geboren, studierte u. a. in Berlin, Heidelberg und New York Philosophie, Politologie und internationales Management. Ausgelöst durch eine plötzliche Autoimmunerkrankung, begann sie sich intensiv mit dem Thema eines freien, gelingenden Lebens zu beschäftigen. Diese Faszination führte sie lange Zeit nach Indien, Kambodscha und Thailand. Heute ist sie in führender Position im internationalen Medienmanagement tätig und lebt in Mannheim.

Sophia Schoene

BLISS

Wie Menschen denken,
die Kraft und Klarheit ausstrahlen

GOLDMANN

Alle Ratschläge in diesem Buch wurden von der Autorin und vom Verlag sorgfältig erwogen und geprüft. Eine Garantie kann dennoch nicht übernommen werden. Eine Haftung der Autorin beziehungsweise des Verlags und seiner Beauftragten für Personen-, Sach- und Vermögensschäden ist daher ausgeschlossen.

MIX
Papier aus verantwortungsvollen Quellen
FSC® C083411
www.fsc.org

Verlagsgruppe Random House FSC-DEU-0100
Das für dieses Buch verwendete
FSC®-zertifizierte Papier *Holmen Book Cream*
liefert Holmen Paper, Hallstavik, Schweden.

1. Auflage
Originalausgabe März 2013

Umschlaggestaltung: UNO Werbeagentur, München
Umschlagmotiv: FinePic, München
Redaktion: Gisela Fichtl, München
SSt · Herstellung: cb
Satz: Buch-Werkstatt GmbH, Bad Aibling
Druck: CPI – Clausen & Bosse, Leck
Printed in Germany
ISBN 978-3-442-21987-2

Inhalt

Einleitung
Was Bliss ist, warum wir es wollen und wie wir es kriegen

»Die wahre Entdeckungsreise besteht nicht darin, neue Landschaften zu suchen, sondern darin, mit neuen Augen zu sehen.«
Marcel Proust

Ich stand am Rande einer Straße inmitten von Kalkutta und hatte nicht die leiseste Ahnung, wohin ich den nächsten Schritt setzen sollte. Autos, Busse, Motorräder und Rikschas schossen an mir vorbei – ein brüllendes Chaos im Dunst von schwüler Hitze und Smog. Ich hatte jegliche Orientierung verloren. Ein Fieber, das mich seit Tagen peinigte, flammte mit stechenden Schmerzen in Kopf und Gliedern wieder auf. Bis auf wenige Rupien hatte ich keinerlei Bargeld mehr. Und als ich zum wiederholten Mal ansetzte, die gewaltige Straße zu überqueren, rettete mich wieder nur ein schneller Sprung zurück. Ein Bus donnerte mit langgezogenem Hupen Millimeter vor mir vorbei. Der grelle Strom aus Blech und Lärm wäre zehnspurig gewesen, wenn er denn Spuren gehabt hätte. Ich hatte keine Ahnung, wie es weitergehen sollte. Meine Suche nach Orientierung und Glück war eindeutig auf einem Tiefpunkt angelangt. Plötzlich packte mich jemand. Ich blickte auf eine knochige Hand, die meinen Unterarm fest umschlossen hielt. Sie gehörte einem buckligen, alten Mann mit faltiger Haut und wachen Augen. Er musste an die hundert Jahre alt sein. Bevor ich auch nur zu einer Frage ansetzen konnte, zog er mich mit einem Ruck mitten in den Verkehr hinein. Hupen dröhnten und Reifen quietschten. Ein Auto schoss nur Millimeter hinter uns vorbei, ein Motorrad dicht vor uns. Er stoppte einen Moment, dann riss er mich wieder vorwärts. Ich wagte nicht zu atmen. Blecherne Ungetüme rasten kreischend an uns vorbei, vor uns, hinter uns, zu allen Seiten. Mit einer Geschwindigkeit, die ich ihm nie zugetraut hätte, zog mich der Greis weiter, zwei Schritte vorwärts, einen zurück. Ich war mir sicher, dass mein Leben hier ein Ende finden würde. Aber schließlich erreichten wir die andere Seite. Nach Luft schnappend sah ich mich zu ihm um. Der alte Mann, der gerade der jungen Frau über die Straße geholfen hatte, offenbarte ein zahnloses Grinsen. »You see clear«, sagte er. »And then you run. Always success.«

Ich musste später noch oft an diese Worte denken. Sie brachten auf den Punkt, was sich immer wieder bestätigt: Wo Kraft und Klarheit herrschen, entfaltet sich Glück und Erfolg – »Bliss«. Dieser aus dem Englischen stammende Ausdruck bezeichnet einen Zustand tiefer Zufriedenheit, ein entspanntes, durchdringendes Glück. Um ihn zu realisieren benötigt man die Klarheit, zu erkennen, welchen Weg man gehen muss. Und die Kraft und den Mut, diesen Weg auch tatsächlich einzuschlagen. Das gilt für den indischen Verkehr genauso wie für zwischenmenschliche Auseinandersetzungen oder geschäftliche Vertragsverhandlungen. Beides – Kraft und Klarheit – sind die Bedingungen für den Erfolg einer tiefen Zufriedenheit. Wir bewegen uns kaum vorwärts, wenn wir nicht erkennen, was Sache ist. Mit uns selbst wie mit unserem Umfeld. Und wir bewegen uns genauso wenig vorwärts, wenn wir zwar verstehen, was wir wollen und wie wir dorthin kommen, uns aber die Stärke fehlt, unseren Willen auch in die Realität umzusetzen.

Menschen, die uns als besonders erfolgreich auffallen, egal in welchem Bereich, zeigen genau diese beiden Stärken: Kraft und Klarheit. Ob es Sport, Karriere, Beziehungen oder Selbstverwirklichung ist, diese Menschen scheinen ihre Wünsche mit Leichtigkeit zu realisieren. Während so viele andere von uns sich endlos abmühen, nur um in der immer gleichen Tretmühle der Unzufriedenheit gefangen zu bleiben. Glück und Erfolg scheinen ferne Hoffnungsschimmer am Horizont, während Ansprüche, Erledigungen und ständig neue Wünsche die gegenwärtigen Momente verschlingen, die eilig wie Sandkörner durch das Stundenglas unseres Lebens rinnen. Warum aber scheinen die Einen die Leichtigkeit und Zufriedenheit zu besitzen, denen die anderen immer nur nachjagen? Schon die Philosophen der Antike versuchten vor über 2500 Jahren die Frage zu klären, warum manchen Menschen Glückseligkeit durch einen »guten Dämon« (Eudaimonia) zuteil wird und anderen nicht. Auf einen Mangel an Wille kann es jedenfalls nicht zurückzuführen sein. Ganz im Gegenteil verwenden unendlich viele Menschen enorme Anstrengungen darauf, ihr Glück zu finden, indem sie jeden einzelnen Lebensbereich – Aussehen, Beziehungen, Finanzen, Wissensstand etc. – zu optimieren versuchen. Das Leben verrinnt in einer kräftezehrenden Hetzjagd von einem Projekt zum nächsten. Das ersehnte Ziel tiefer Zufriedenheit und eines klaren, leichten Lebens, stellt sich dabei nie ein. Der Grund für diese Vergeblichkeit ist, dass das Glück an den falschen Orten gesucht wird. Es ist egal, wie viel Energie man aufbringt und wie viele Entbehrungen man auf sich nimmt: Wenn man in die falsche Richtung rennt, kommt man doch nie am Ziel an. Es sind nicht ein Mangel an äußeren Gegebenheiten, der dazu führt, dass sich Ausgelassenheit und Leichtigkeit nicht einstellen wollen. Es ist stattdessen ein Mangel an Freiheit, der verhindert, dass das Leben mit Mut, Klarheit und Entschiedenheit erfahren wird. Wir tragen restriktive Denk- und Verhaltensmuster wie innere Gitterstäbe jeden Tag mit uns herum – das Gefühl eingeengt zu sein, mit »angezogener Handbremse« zu leben, ist lediglich eine logische Konsequenz daraus. Diese verzerrten Paradigmen verkleinern unsere Wahrnehmung, unseren Handlungsspielraum und schränken unsere Möglichkeiten drastisch ein.

Restriktive Denkmuster schieben sich wie ein Filter zwischen uns und die Welt. Wie verschmutzte Fenster, die nur wenig Licht durchlassen, verhindern diese Filter, dass Helligkeit und Klarheit ins Leben treten. Sie haben sich uns so stark eingebrannt, dass wir die Welt außerhalb dieser Muster völlig ausblenden.

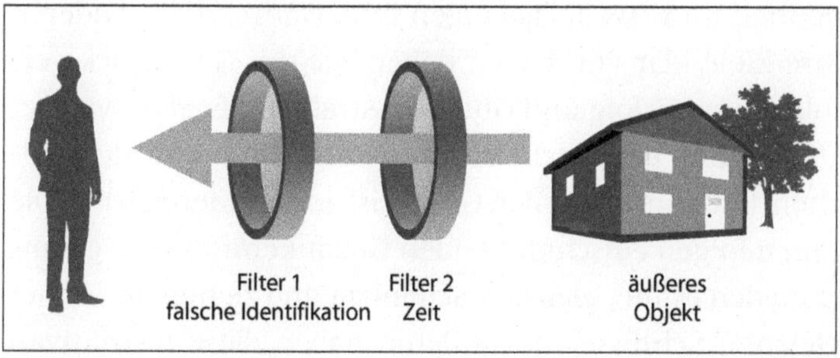

Werden diese einschränkenden Denkmuster identifiziert und durchbrochen, sehen wir klarer. Und mit dieser Schärfe und Kenntnis kommt die Energie, uns dahin zu bewegen, wo wir hinwollen. Bliss entfaltet sich.

Menschen, die Bliss erleben und die Leichtigkeit und Stärke ausstrahlen, um die andere sie nur beneiden, hatten nicht bessere Ausgangsbedingungen. Ihr Elternhaus war nicht wohlhabender oder führsorglicher, ihre Chancen nicht zahlreicher und ihre Mitmenschen nicht rücksichtsvoller. Klarheit und Stärke sind nicht an diese Grundlagen gebunden. In allen Erdteilen habe ich dies wieder und wieder beobachtet: Die einen Menschen fühlen sich unglücklich, eingeengt und kraftlos. Von außen betrachtet, hatten sie das beste Startkapital für ein erfülltes Leben. Auf der anderen Seite gelangen andere, selbst wenn sie in schwierigsten Verhältnissen aufgewachsen sind, zu einer außergewöhnlichen und beeindruckenden Klarheit und Willensstärke. Wie kommt dieser Unterschied zustande? Wie kann es sein, dass die Einen in Unzufriedenheit und Zweifel gefangen sind, während die Anderen ihre Ziele klar vor Augen haben, sie mit Nachdruck verfolgen und Erfolg und Glück ausstrahlen? Egal in welcher Umgebung, bei welchem Betätigungsfeld und unter welchen Bedingungen, der Grund ist immer dergleiche: Die Einen folgen einschränkenden Gedankenmustern, gehorchen den immer gleichen Schemata und ziehen die immer gleichen Schlüsse. Die anderen haben diese restriktiven Denkmuster längst durchbrochen.

Das menschliche Gehirn ist ein komplexes Geflecht aus unendlich vielen neuronalen Verbindungen, die wie Pfade von einem Gedanken zum nächsten führen. Jedes Mal, wenn ein bestimmtes Verhalten, eine Erinnerung oder ein Gedankengang wiederholt wird, verstärkt sich dieser neuronale Pfad. Ähnlich einem Weg, der über eine Wiese führt und der immer breiter und deutlicher wird, je öfter wir ihn gehen. Irgendwann laufen wir dann nur noch über die immer gleichen ausgetretenen Wege, ohne die Weite und unsere Möglichkeiten, ganz anders zu denken und zu handeln, überhaupt noch wahrzunehmen. Bliss ist der Zustand außerhalb dieser Pfade. Es ist das strahlende Glück, das sich im mannigfaltigen Raum der Freiheit entfaltet.

Dieses Buch beschreibt, welche Denkmuster uns vom Bliss abhalten. Es zeigt, welche Paradigmen uns häufig und beharrlich einengen und vor allem mit welchen Strategien, sie zu durchbrechen sind. Jahrhundertealte Weisheiten der Philosophie verbinden sich dabei mit aktuellen neurowissenschaftlichen Forschungen und praktischen Erfahrungen der Psychologie.

Glück und Erfolg sind nicht Produkte des Zufalls, die einigen in den Schoss fallen und anderen nicht. Sie sind das Resultat eines wachen Geistes, der gelernt hat, Einschränkungen niederzureißen und sich in dem dahinterliegenden Raum der Freiheit voll zu entfalten.

Durchbrechen Sie die restriktiven Muster des Denkens und finden Sie Ihren Bliss.

Paradigma der falschen Identifikation
Warum wir unser Glück am falschen Ort suchen

Das erste einschränkende Denkmuster, dem wir auf die Spur kommen wollen, hüllt sich wie ein Schleier um uns: Es ist das vielgesichtige Paradigma der falschen Identifikation. Es verklärt das Bild, das wir von uns selbst haben, und zwingt uns, immer dem hinterherzujagen, was uns vermeintlich ausmacht.

Es ist eine der grundlegendsten Fragen unseres Lebens: Wer bin ich? Kaum eine Frage stößt die Tür zur menschlichen Unkenntnis so weit auf wie diese. Wer bin ich? Was macht mich aus? Vieles von dem, was uns im Laufe unseres Lebens beschäftigt, ist nichts weiter als eine Ableitung dieses einen fundamentalen Problems. Was bleibt übrig von mir, wenn ich meinen Körper, meinen sozialen Status und meinen Besitz wegdenke? Was unterscheidet mich von anderen Menschen? Bin ich ein guter Mensch? Bin ich der, der ich sein will?

Einigen Menschen genügen oberflächliche Antworten, um die Frage nach dem, was sie ausmacht, zu klären. Ihr Wissensdurst und ihre Fähigkeit zur Selbstreflexion sind so gering, dass sie sich mit einer naheliegenden Erklärung zufriedengeben – z. B.: »Ich bin, was ich besitze.« – und diese Erklärung kaum mehr anzweifeln. Haben Sie sich jemals gefragt, ob das schon alles ist im Leben? Haben Sie darüber nachgedacht, was es ist, das Sie wirklich glücklich macht, unabhängig von dem, was Sie bisher getan haben, und unabhängig davon, was von Ihnen erwartet wird? Dann genügen Ihnen die einfachen Antworten nicht. Sie wollen keine Spielfigur, sondern Spieler sein. Bestimmen Sie selbst über jeden Ihrer Schachzüge.

Das Paradigma der falschen Identifikation kann viele Ausprägungen haben. Am häufigsten nimmt es die Gestalten des Ego, der eigenen Geschichte, des Körpers oder des Besitzes an. Die klare Trennung dieser Ausprägungen ist dabei eine rein theoretische, um die einzelnen Wirkungsmechanismen besser aufzeigen zu können. In Wirklichkeit bedingen und verstärken sich falsche Identifikationen gegenseitig und stehen in engem Wechselverhältnis zueinander.

- Das *Paradigma des Ego* lässt mich annehmen, ich sei die Stimme in meinem Kopf. Ich sei das unablässige Plappern, das ich in jeder wachen Minute in meinem Kopf höre.
- Das *Paradigma der eigenen Geschichte* spielt mir das Trugbild vor, ich sei, was ich bisher erlebt habe. Meine Geschichte, meine Kindheit und meine Erfahrungen würden mich nicht nur prägen, sondern übergreifend darüber bestimmen, was ich heute bin, und meine Lebenssituation und Möglichkeiten determinieren.

- Das *Paradigma des Körpers* hält mich so nah an der Oberfläche, wie es nur möglich ist: Ich bin mein Körper. Mein Aussehen und meine Gesundheit legen die Wertschätzung meiner Person fest, bestimmen, ob ich glücklich oder unglücklich bin.
- Das *Paradigma des Besitzes* schließlich ist ein Produkt der Konsumkultur: Du bist, was du hast. Die materiellen Dinge, die ein Mensch um sich herum ansammeln kann, und die finanziellen Mittel, die es ihm erlauben, möglichst viele dieser Dinge anzuhäufen, werden zum Maß dafür, ob ein Leben als gelungen angesehen werden kann oder nicht.

Sie sind nichts von alledem. Sie sind nicht Ihr Beruf. Sie sind nicht Ihr Körper. Sie sind nicht die Stimme in Ihrem Kopf. Sie sind nicht Ihre Geschichte. Sie sind nicht Ihre Erfolge und Niederlagen. Sie sind nicht die Kumulation all Ihres Besitzes. Sie sind nicht die Reflexion in den Augen anderer. Ihr wahres Selbst ist viel größer als das. Durchbrechen Sie all die Scheinidentitäten und kommen Sie an dem Ort an, den Sie schon immer gesucht haben: bei sich selbst.

Ego
Warum wir Tragödien nachjagen

»Unser Leben ist das,
was unsere Gedanken daraus machen.«
Marcus Aurelius

Mit dem Begriff *Ego* wird hier die Stimme in unserem Kopf bezeichnet, der Redefluss des Denkens, das pausenlose Rattern der Gedanken, das wir jede wache Minute vernehmen. Im Englischen werden diese Denkprozesse häufig mit dem Wort *Mind* beschrieben, für das es im Deutschen keine direkte Entsprechung gibt. *Mind* geht über den reinen Verstand hinaus, es umfasst den gesamten Komplex des denkenden und wertenden Bewusstseins. Der allenfalls noch in der Philosophie gebräuchliche Begriff *Geist* kommt dem nahe. Welche Begrifflichkeit auch immer verwandt wird – Ego, *Mind,* Geist, Verstand –, immer geht es um unsere mentalen Zustände: das Nachdenken, Erinnern, Vorstellen, Planen, Abschätzen und Bewerten. Die Stimme in unserem Kopf, die unablässig Selbstgespräche führt. Sokrates beschrieb dieses Denken als das Gespräch, das die Seele mit sich selbst führt.[1] Egal, was wir gerade tun, ob wir zu unserem Auto laufen, im Schatten eines Baumes liegen oder aus dem Zugfenster blicken, immer »hören« wir unser Denken. Und obwohl wir diese Stimme überallhin mitnehmen und in jeder wachen Sekunde von ihr beschallt werden, wird kaum reflektiert, was diese Stimme eigentlich ist, welche Bedeutung sie hat und ob man sie beeinflussen kann. Es ist, als würden wir permanent mit einem Kopfhörer herumlaufen, ohne je danach zu fragen, ob wir die Musik, die wir hören, überhaupt so hinnehmen müssen. Wir ziehen noch nicht einmal die Möglichkeit in Betracht, unseren eigenen Soundtrack zu laden. Dieser Mangel an Reflexion hat einen einfachen Grund: Wir identifizieren uns mit unserem Ego. Wir halten die Gedanken nicht für Gedanken, wir halten sie für uns selbst. Das Erinnern, Planen, Bewerten und Kommentieren konstituiert demzufolge unsere Persönlichkeit. Weil wir unablässig von unseren eigenen Gedanken beschallt werden, ist es ein Leichtes, das Geplapper für das zu halten, was wir sind. Immerhin können nur wir es hören und bis zu einem gewissen Grad steuern – muss es sich dabei also nicht um uns selbst handeln? Nein. Denn was wir da hören, ist unser Verstand, ein Werkzeug, das uns an die Hand gegeben wurde, nicht mehr, aber auch nicht weniger.

Stellen Sie sich vor, Sie sind Tischler und haben in Ihrer Schreinerei eine Sägemaschine, die Ihnen das grobe Zerteilen von Baumstämmen abnehmen soll. Allerdings haben Sie nie gelernt, wie man die Maschine bedient, ja Sie glauben nicht einmal, dass man sie überhaupt steuern kann. Und so sägt die Maschine tagein, tagaus wahllos Holzstücke, die Sie anschließend mit viel Mühe versuchen, zu Möbeln zusammenzuschreinern. Sie haben sich so sehr daran gewöhnt, dass die Maschine ohne Ihr Zutun arbeitet, dass Sie es nicht einmal mehr hinterfragen. Sie mühen sich stattdessen ab, aus den Holzstücken das Beste zu machen, und sind dabei nie wirklich zufrieden, denn wie sehr Sie sich auch anstrengen, die Möbel gelingen Ihnen niemals so, wie es Ihrem idealen Bild entspricht. Was aber wäre, wenn Sie lernten, die Maschine zu bedienen? Wenn sie Ihnen exakt die Holzstücke liefern würde, die Sie brauchen, um genau das zu kreieren, was Sie sich vorstellen?

Genauso verhält es sich mit Ihrem Ego. Was auch immer Ihre Denkmaschine ausspuckt, welche Monologe sich auch immer in Ihrem Kopf abspielen: sie wiederholen sich. Und zwar so häufig, dass wir gelegentlich unserer eigenen Gedanken müde werden. Schon allein dies deutet darauf hin, dass wir nicht mit dem Monolog in unserem Kopf identisch sein können: Wären wir nichts als die Stimme in unserem Kopf, wer ist es dann, der von ihr genervt ist? Wer ist es, der sie hören kann?

Wenn wir uns diesen Redefluss einmal bewusst machen, schaffen wir die Distanz, die wir brauchen, damit uns unser versprachlichtes, mentales Erleben nicht völlig vereinnahmt. Diese Erkenntnis ist umso wertvoller, als die innere Stimme häufig entweder um Banalitäten oder um die eigenen Unzulänglichkeiten kreist. Dem an der University of Nevada in Las Vegas forschenden Psychologen Russell T. Hurlburt ist es gelungen, sowohl die Häufigkeit, mit der diese innere Stimme auftaucht, als auch die Themen, um die sie kreist, zu untersuchen.[2] Dazu ließ er seine Versuchspersonen einen kleinen Pieper mit sich herumtragen: Immer wenn ein Ton erklang, sollten die Probanden alles stehen und liegen lassen und aufschreiben, was ihnen im Moment des Tonsignals durch den Kopf ging. In 60 % der Zeit berichteten die Probanden von inneren Erfahrungen in Form der inneren Stimme (»Ich sollte mir dringend eine neue Jeans kaufen.«) oder in Form innerer Bilder (gedankliches Abbild von sich selbst beim Tragen einer neuen Jeans). Die Inhalte der Monologe erwiesen sich die meiste Zeit als reichlich trivial. So trällerte die innere Stimme der Probandin Sonja den ganzen Tag lang die Namen von zwei Süßigkeiten, einem Schokoriegel und einem Cremetörtchen, vor sich hin. Die Stimme von Melanie zählte auf, was sie noch alles einkaufen sollte, während sie sich gerade im Badezimmer fertig machte. Begleitet wurde die Stimme von dem inneren Bild eines Blattes Papier, auf das ihre Hand das Wort »Conditioner« schrieb. Die Stimme einer weiteren Probandin kreiste tagelang um die Frage der idealen Weihnachtsdekoration. Die Beispielliste ließe sich endlos fortsetzen. Unsere innere Stimme plappert also pausenlos, auch wenn es nichts Wichtiges zu sagen gibt.

Problematischer als solche Banalitäten und Wiederholungen ist aber die Missbilligung, mit der sie sich häufig äußert. Dann gleicht sie einem nörgelnden Affen, der auf unserer Schulter sitzt und alles unablässig kritisiert. Sie hält uns vor, was wir schon wieder falsch gemacht haben, was wir versäumt haben und was besser hätte sein können. So kann es leicht passieren, dass wir uns einen perfekten Tag von einer Nichtigkeit ruinieren lassen. Eine Situation, die jeder von uns kennt: Sie verbringen einen wundervollen Tag mit Menschen, die Sie schätzen, Sie lachen, haben Spaß und verleben eine wirklich gute Zeit. Nach Ihrem Besuch kehren Sie zu Ihrem Auto zurück und finden einen Strafzettel unter dem Scheibenwischer. Sofort stürzt sich Ihr Ego wie ein Geier auf diesen einzigen negativen Fleck. »Warum habe ich auch ausgerechnet hier geparkt? Diese verdammten Blutsauger ... Immer, IMMER erwischt es mich ...« Und so weiter. Noch Stunden später hegen Sie Groll gegen das, was Ihnen widerfahren ist. Fast vergessen sind die Freuden eines langen Tages, so bestimmend drängt sich das eine negative Ereignis in Ihr Denken. Welcher Art dieses Ereignis ist, ist dabei unerheblich. Häufig stürzt sich das Ego auch auf einen Kommentar, den jemand beiläufig fallen ließ, oder auf Ereignisse, die wir schon allein deshalb missbilligen, weil sie nicht unseren ursprünglichen Plänen entsprechen.

Warum aber kann uns unser Ego so vereinnahmen, und warum dreht es sich so viel häufiger um Negatives als um Positives? Die Antwort finden wir, wenn wir uns näher ansehen, was das Ego eigentlich ist und welche Funktionen es innehat. Der Weg zum Verständnis des Ego führt über die Physiognomie des Gehirns. Wie gemeinhin bekannt ist es in zwei Hemisphären unterteilt, die auf unterschiedliche Prozesse spezialisiert sind: die rechte und die linke Hirnhälfte. Beide können nicht als vollständig voneinander losgelöst betrachtet werden, aber es kommen dort verschiedene Methoden der Informationsverarbeitung zum Tragen, und unterschiedliche Funktionen haben in der jeweils einen oder anderen Hälfte ihren Schwerpunkt.

In der linken Gehirnhälfte findet vor allem die Verarbeitung von Sprache und Zahlen statt, das logische, analytische Denken. Die Informationsverarbeitung erfolgt sequentiell, das heißt Informationen werden streng der Reihe nach bearbeitet. Der linken Hirnhälfte ist es zu verdanken, dass wir von den Unmengen an Reizen, die uns über unsere Sinnesorgane erreichen, nicht erschlagen werden. Während die fünf Sinne das Gehirn in jeder Sekunde mit elf Millionen Bits an Informationen versorgen, verarbeitet das bewusste menschliche Erleben davon gerade einmal 40–50 Bits.[3] Die linke Gehirnhälfte filtert also die ankommenden Informationen und lässt nur diejenigen in unser Bewusstsein dringen, die für die jeweilige Situation wichtig scheinen. Nach der Selektion erfolgt die Organisation: Die linke Hemisphäre sortiert die Informationen in Kategorie-Schubladen, assoziiert sie mit vergangenen Erfahrungen und projiziert die Ergebnisse dieser Analyse in die Zukunft. Ein Beispiel: Ich laufe die Straße entlang, biege in eine Seitengasse ein und sehe mich plötzlich einem großen braunen Hund gegenüber, der mich direkt anstarrt. Die Information, dass sich ein Hund in meiner unmittelbaren Nähe befindet, dringt sofort in mein Bewusstsein und rückt ins Zentrum meiner Aufmerksamkeit. Ich sehe nicht mehr, dass am Bordstein eine verdorrte Blume liegt, und höre nicht mehr, dass zwei Straßen weiter eine S-Bahn vorbeirattert. Ich rieche den in der Gasse hängenden Geruch alten Frittierfetts nicht und registriere auch nicht das Plärren eines Fernsehers, das aus einem der geöffneten Fenster dringt. Meine Sinnesorgane nehmen all diese Reize zwar wahr, aber sie dringen nicht bis zu meinem Bewusstsein vor, ich bekomme schlicht nichts davon mit. Denn meine linke Gehirnhälfte hat diese Umweltreize aussortiert, damit ich mich voll und ganz auf das im gegenwärtigen Moment Wichtigste konzentrieren kann: den Hund. Blitzschnell wurden die dringlichen Informationen – Tier, vier Beine, geöffnetes Maul etc. – verarbeitet, mit bereits bekannten Informationen verglichen und mir das Wort »Hund« ins Bewusstsein projiziert. Auch wenn ich einen Hund dieser Art noch niemals gesehen habe, erkennt mein Gehirn, dass das Gesehene hinreichende Ähnlichkeiten mit den Eigenschaften aufweist, die in der Kategorie-Schublade »Hund« aufbewahrt werden. Dieser Prozess läuft viel zu schnell ab, um von meinem langsamen Bewusstsein zur Kenntnis genommen zu werden. Damit ist die Geschäftigkeit meines Gehirns aber noch lange nicht beendet: Jetzt vergleicht die linke Gehirnhälfte die Situation mit dem, was ich in der Vergangenheit erlebt habe, um daraus Schlüsse für die Zukunft zu ziehen. Die Erinnerung an einen schmerzhaften Hundebiss wird, bewusst oder unbewusst, lebendig. Die Projektion in die Zukunft bedeutet: Hier ist wieder ein Hund, folglich könnte ich wieder gebissen werden. Zum Schutz wird die emotionale Erfahrung der Angst wieder lebendig, und Kampf- oder Fluchtreaktionen werden ausgelöst. Die Amygdala, jene Funktionseinheit im Gehirn, die für die Beurteilung von Stimuli und die emotionale Konditionierung zuständig ist, versucht über diese Feedback-Schleife zu verhindern, dass sich eine einmal erlebte Katastrophe wiederholt. Eine evolutionär betrachtet sehr nützliche Funktionalität. Wenn ich dagegen keinerlei negative Assoziationen mit Hunden gespeichert habe, werden auch keine Abwehrreaktionen ausgelöst, die entsprechenden Stresshormone nicht ausgeschüttet und der Körper nicht in einen Alarmzustand versetzt. In den Bewertungsprozess der Reize fließen dabei nicht nur frühere Erlebnisse, Gedächtnisaspekte und Zukunftserwartungen ein, sondern auch die gegenwärtige emotionale Verfassung, die soziale Umgebung und Elemente des Reizes selbst wie etwa seine Intensität und Vertrautheit.[4]

Die bildgebenden Verfahren der Neurowissenschaft können diese Selektionsarbeit des Gehirns sogar sichtbar machen: Die am UCL, Institut für kognitive Neurowissenschaften, in London lehrende Kognitionspsychologin Nilli Lavie ließ ihre Probanden verschieden schwere Worträtsel am Computer lösen.[5] In der Mitte des Bildschirms waren die jeweiligen Aufgaben zu lesen. Klar abgetrennt davon bewegte sich im Hintergrund ein Schwarm weißer Punkte von einem Bildschirmrand zum andern. Den Probanden wurde aufgetragen, die weißen Punkte zu keinem Zeitpunkt des Versuchs zu berücksichtigen und sich stattdessen voll und ganz auf die gezeigten Wörter zu konzentrieren. Waren die Aufgaben einfach – etwa wenn sie lediglich eine Taste betätigen sollten, sobald die gezeigten Wörter in Großbuchstaben geschrieben waren –, dann war keiner der Versuchsteilnehmer in der Lage, die weißen Punkte zu ignorieren. Stets wussten die Teilnehmer, wo sie sich gerade befanden. Waren die Aufgaben hingegen schwieriger – es sollte nur dann eine Taste betätigt werden, wenn es sich um ein zweisilbiges Wort handelte –, dann gelangte die Bewegung der Punkte nicht mehr in die bewusste Wahrnehmung der Probanden. Die Aufgabe war so anspruchsvoll, dass sich das Gehirn der Probanden einzig darauf konzentrierte und die jetzt unwichtigen Informationen, wo sich die Punkte wann befanden, einfach aussortierte. Da Wörter und bewegte Muster in unterschiedlichen Gehirnregionen verarbeitet werden, konnte Lavie an den Bildern des Magnetresonanztomographen genau sehen, welche Signale zu welchem Zeitpunkt das Bewusstsein ihrer Probanden erreichten. Das Gehirn erfüllt also eine Selektionsfunktion und lässt nur diejenigen Informationen zu unserem Bewusstsein vordringen, die es für relevant erachtet. Wenn gerade nichts anderes da ist, dann eben den Aufenthaltsort weißer Punkte.

Zurück zu den beiden Hemisphären unseres Gehirns. Während die linke Gehirnhälfte wie ausgeführt ihren Fokus auf die Vergangenheit oder die Zukunft richtet, operiert die rechte Gehirnhälfte ganz anders. Hier zählt nur das Jetzt, der gegenwärtige Moment. Denkoperationen erfolgen weniger nach den Gesetzen der Logik als vielmehr nach dem Grundsatz vernetzter Ganzheitlichkeit. Die rechte Gehirnhälfte wird bestimmt durch Bilder und sensorische Rückmeldungen über die Tätigkeiten des Körpers. Formen und Klänge werden hier ebenso verarbeitet wie Intuition und Phantasie. Während die linke Gehirnhälfte Informationen linear verarbeitet und für Präzisionsarbeit steht, ordnet die rechte Informationen zirkulär und sorgt für den Überblick über die Dinge. Die unterschiedliche Art der Signalverarbeitung verdeutlicht das Hören von Klängen: Wird Musik mit dem linken Ohr gehört, dessen Nerv direkt zur rechten Hemisphäre verläuft, dann wird sie als deutlich ganzheitlicher und fließender empfunden, als wenn sie mit dem rechten Ohr, dessen Signale zur linken Gehirnhälfte gelangen, gehört wird.[6]

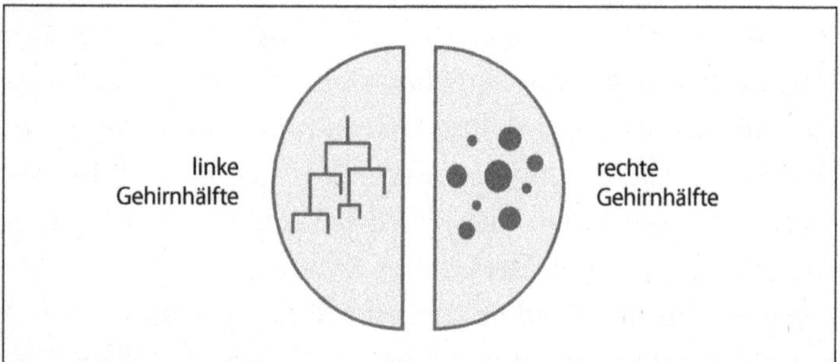

Die Arbeitsweise des Ego erklärt sich über die Funktionen der linken Gehirnhälfte. Der gegenwärtige Moment, der Raum der Ruhe, ist für das Ego uninteressant. Es verweilt nicht im Jetzt, sondern springt ständig zwischen Vergangenheit und Zukunft hin und her. Dabei plappert es unablässig, denn die linke Gehirnhälfte ist ja auch der Sitz der Sprache. Der Grund für die Fokussierung auf das Negative liegt in seiner Schutzfunktion. Damit der Mensch so schnell wie möglich auf Gefahren reagieren kann, müssen diese möglichst frühzeitig in sein Bewusstsein dringen. Entsprechend konzentriert sich das Ego stets auf das Negative. Eine satte Bergwiese voll bunter Wildblumen ist für das Überleben nicht wichtig. Ein fernes Donnergrollen, das ein aufziehendes Gewitter ankündigt, dagegen schon. Die ständige Beurteilung von Situationen und die hohe Sensibilität für Gefahren und Negatives sind von unschätzbarem Wert für unsere Sicherheit. Selbst in Situationen, die uns völlig neu sind, können wir Ähnlichkeiten mit Bekanntem erkennen, in Sekundenbruchteilen mögliche Szenarien durchspielen und die beste aller Handlungsoptionen wählen. Für derartige Situationen ist unser Ego das perfekte Werkzeug – nur eben nicht für jede Lebenslage.

Was wir nämlich tun, ist, das Ego aus seinem Fachbereich herauszuholen und es unser ganzes Leben bestimmen zu lassen. Unablässig hören wir auf die Stimme in unserem Kopf und lassen uns von ihr vereinnahmen. Für einen derartigen Dauereinsatz, der sämtliche Erfahrungsbereiche bestimmt, ist das Ego jedoch nicht geeignet. Seine

Eigenschaften fangen daher an, sich auch negativ auf uns auszuwirken. Das Ego nämlich will ständig etwas anderes, etwas Besseres, Größeres, Wertvolleres, Perfekteres. Es ist nie zufrieden und will immer mehr. Nichts darf so belassen werden, wie es ist, alles muss ständig verbessert werden. Zu dieser Rastlosigkeit gesellt sich ein permanentes Bewerten. Alles und jeder muss verglichen, eingeschätzt und kommentiert werden. Dabei ist die Übertreibung eine beliebte Spielart. Selbst das Unglück wird aufgebläht: Niemand war jemals in einer so abgrundtief entsetzlichen Lage wie ich. Niemand hat es so schwer wie ich. Diese gigantische Last auf meinen Schultern drückt mich nieder. Ich kann dieses Elend und mich selbst nicht ertragen und so weiter und so fort. Das eigene Unglück wird maßlos übertrieben. Und als wären dies alles nicht schon Gründe genug, die Vorherrschaft des Ego einer eingehenden Prüfung zu unterziehen, so gibt es noch einen weiteren, der unsere Lebensqualität deutlich senken kann: der bereits angesprochene Fokus auf das Negative.

Stellen Sie sich vor, Sie haben einen schönen Abend auf einem Fest mit netten und interessanten Menschen verbracht. Die gesamte Zeit über haben Sie sich prächtig amüsiert. Die Stimmung war ausgelassen, die Gespräche interessant und das Essen hervorragend. Irgendwann im Laufe des Abends aber hat jemand etwas zu Ihnen gesagt, das Sie geärgert hat. Ein kurzer Nebensatz nur, vielleicht nicht mehr als ein achtloser Kommentar, aber die Worte hallen in Ihnen nach. Sie verlassen das Fest spät, und obwohl es ein glänzender Abend war, haben Sie noch immer diesen Satz im Kopf. Ähnlich wie im Fall mit dem Strafzettel kreisen Ihre Gedanken auch hier um das einzig Negative, das Ihr Ego finden konnte. Und Sie lassen zu, dass sich ein winziger Bruchteil des Abends die gesamte schöne Zeit einverleibt wie ein hungriges Biest. Wieder und wieder werden die immer gleichen Gedanken in Ihrem Kopf durchgespielt. Willkommen in der Welt des Ego!

Die im Bereich Neuroanatomie forschende Wissenschaftlerin Dr. Jill Bolte Taylor liefert aufgrund ihrer ungewöhnlichen Lebensgeschichte wichtige Erkenntnisse für das Verständnis dessen, was das Ego ist. Im Alter von 37 Jahren erlitt Dr. Taylor einen schweren Schlaganfall, in dessen Folge ihre linke Hirnhälfte fast vollständig ausfiel. Im Anschluss an ihre 8-jährige Genesungszeit publizierte sie ihre Erfahrungen über das Erleben einer Welt, die keinerlei Ego mehr kennt:

> »Ohne Sprachzentrum, das mir sagte: ›Ich bin Dr. Jill Bolte Taylor. Ich bin Neuroanatomin. Ich habe diese Adresse und kann unter jener Telefonnummer erreicht werden‹, fühlte ich mich nicht mehr verpflichtet, sie zu sein. Es war wirklich eine bizarre Verschiebung der Wahrnehmung, aber ohne Jills emotionalen Kreislauf, der mich an ihre Vorlieben und Abneigungen erinnerte, ohne ihr Ego-Zentrum, das mir ihre Muster kritischer Beurteilung ins Gedächtnis rief, dachte ich nicht mehr an sie. [...] Und da ich nichts mehr von ihrem Leben wusste, von ihren Beziehungen, Erfolgen und Fehlern, war ich auch nicht mehr an ihre Entscheidungen oder selbst auferlegten Beschränkungen gebunden. [...]

> Meine gesamte Selbstwahrnehmung verschob sich, da ich mich nicht mehr als einzelnes, festes Gebilde mit Grenzen wahrnahm, das mich von den anderen Gebilden um mich herum trennte. [...] Meine linke Hirnhälfte war darauf trainiert, mich als fest und getrennt von anderen wahrzunehmen, und jetzt genoss meine rechte Hirnhälfte den ewigen Strom – frei von all diesen Einschränkungen. Ich war nicht mehr begrenzt und allein. Meine Seele war groß wie das Universum und trieb in einem grenzenlosen Ozean.«[7]

Das Ego arbeitet also wie eine Software, die dafür sorgt, dass wir uns als klare Einheit wahrnehmen, die immerwährend damit beschäftigt ist, alles mit Eigenschaftsetiketten zu versehen und in die passenden Fächer einzusortieren. Lassen Sie das Ego in seinem Spezialbereich walten und holen Sie sich all den Speicherplatz Ihrer Festplatte zurück, den Sie so gut gebrauchen können. Ist dieser Freiraum erst einmal geschaffen, wird sich Ihr Potential entfalten, als ob ein Tau gelöst wurde, das Sie bisher eng zusammengebunden hat. Sie werden eine Klarheit erleben und mit ruhiger Bestimmtheit wissen, wo Sie hinwollen. All die Energie, die Ihnen die zehrenden negativen Gedanken entzogen hat, fließt zu Ihnen zurück. Ruhig, klar und kraftvoll werden Sie bei Ihrem wahren und authentischen Selbst ankommen.

Das Muster durchbrechen
Bestimmen Sie selbst, was gespielt wird

Wir alle haben kurze Momente erlebt, in denen wir die Welt nicht durch den Filter des Ego sehen. Versunken in die Schönheit eines Anblicks oder aufgehend in herausragenden körperlichen Leistungen sind wir nichts als klare wache Bewusstheit, und die Stimme in unserem Kopf ist vollkommen still. Extremsportler nennen diese Momente »the zone« und jagen wie besessen diesem Zustand hinterher, in dem man nichts als Präsenz ist und der eigene Geist endlich Ruhe gibt. Basejumper springen von den höchsten Gebäuden, Extrembergsteiger dringen in lebensfeindliche Höhen vor, Schwimmer quälen sich durch eisige Buchten, und Läufer treiben ihre Beine bis zur völligen Erschöpfung vorwärts, nur um in »the zone« zu gelangen, um den »Flow« zu erleben, wenn alle Gedanken still sind. Ein bekannter Segler beschreibt es mit den Worten: »Man vergisst sich selbst, man vergisst alles, sieht nur noch das Spiel des Bootes auf den Wellen und lässt alles andere hinter sich, das für dieses Spiel nicht besonders wichtig ist.«[8] Die komplexen Fertigkeiten, die man mühsam trainiert hat, sind in diesen Momenten wie weggeblasen. Der Baseballspieler erinnert sich nicht mehr an all die Techniken, die er sich über Jahre hinweg angeeignet hat, sondern sieht nur noch den Ball auf sich zurasen, und sein Körper vollführt ohne bewusste Kontrolle, wie automatisch, die Bewegung des Schlägers. Der Freeclimber, der in windiger Höhe an einer steilen Felswand hängt, hört keine Stimme mehr, die durchspielt, was gestern war, oder plant, was morgen sein wird. Seine gesamte Aufmerksamkeit fließt in die Hände und Füße, die am Stein Halt suchen, er geht auf im Hier und Jetzt. Als der Extremsportler Steve McKinney den Rekord im Geschwindigkeitsskifahren brach, beschrieb er es mit den Worten: »I discovered the middle path of stillness within speed, calmness within fear, and held it longer and quieter than ever before.«[9] Um diese kraftvolle, innere Stille zu erleben, ist es zum Glück nicht notwendig, mit über 200 km/h einen Berg hinabzurasen, sich mit dem Fallschirm von Hochhäusern zu stürzen oder Hunderte von Kilometern zu rennen. Alles, was wir brauchen, ist die Erkenntnis, nicht mit den eigenen Gedanken identifiziert zu sein. Indem wir uns davon lösen, stehen wir bereits im Raum der Stille, von dem aus wir sie betrachten. Und je häufiger wir diese bewusste Selbstreflexion praktizieren, je häufiger wir dem Strom unserer Gedanken zusehen, desto leichter gelingt es, den Moment mit reiner wacher Bewusstheit zu erleben. Die Stimme in unserem Kopf wird immer öfter und immer länger still. Wir lernen, das Ego zu betrachten, ohne uns von ihm mitreißen zu lassen. Je mehr wir uns der Mechanismen der inneren Stimme bewusst sind, desto weniger lassen wir uns von ihr vereinnahmen. Wir erkennen, dass das Ego ein Werkzeug ist, nicht mehr und nicht weniger. Ein Werkzeug, mit dem wir lernen können, umzugehen und es so einzusetzen, dass es uns den Weg nach vorn bereitet. Anstatt das Ego wild um sich schlagen zu lassen, von ihm gebremst und kritisiert zu werden, bedienen wir uns seiner Stärken und entwickeln einen klaren Geist, der uns wie ein großes, sicheres Schiff kraftvoll durch alle Stürme trägt.

Wenn Sie nun annehmen, dieser Weg wäre kompliziert und schwierig, irren Sie sich: Den ersten Schritt haben Sie bereits getan. Der Schlüssel zum Durchbrechen des Paradigmas der falschen Identifikation mit dem Ego ist die Reflexion. So wie Sie beim Lesen der vorangegangenen Seiten begonnen haben, das Verhalten Ihres Geistes bzw. Ego zu hinterfragen, genauso reflektieren Sie es auch weiterhin. Beobachten Sie Ihren Geist. Achten Sie darauf, wenn er sich auf etwas Negatives stürzt, registrieren Sie, wenn sich die immer gleichen Gedanken wiederholen. Versuchen Sie nicht, gewaltsam dagegen anzukämpfen. Das würde ohnehin nicht zum Erfolg führen. Werden Sie stattdessen zu einem aufmerksamen Beobachter. Treten Sie einen Schritt zurück und betrachten Sie den Fluss Ihrer Gedanken. Es ist egal, ob sie positiv oder negativ sind, sie kommen und gehen, ziehen kontinuierlich an Ihnen vorbei. Schon indem Sie diesen Abstand zwischen sich und Ihre Gedanken bringen, identifizieren Sie sich nicht mehr damit. Sie blicken auf die Gedanken, sind aber nicht mehr die Gedanken. Schnell wird Ihr Reflexionsvermögen wachsen. Während Sie in den ersten Tagen nur hin und wieder eine Bewegung des Ego bewusst wahrnehmen, registrieren Sie es bald immer häufiger, erkennen die Ihnen eigenen Gedankenmuster und Wiederholungen. Ihre Beobachtungsgabe wird sich schärfen wie eine Klinge.

Beobachten Sie Ihre Mitmenschen, beobachten Sie deren Interaktionen. Wann übernimmt das Ego die Kontrolle? Denken Sie beispielsweise an den letzten unschönen Streit über ein politisches Thema, dem Sie aktiv oder passiv beiwohnten. Sind die Egos bei derartigen Auseinandersetzungen aktiv, dann wiederholt sich das immer gleiche Spiel, weshalb Ihnen die folgenden Ausführungen bekannt vorkommen werden. Zuerst präsentieren die Teilnehmer ihre verschiedenen Standpunkte. Egal, ob es dabei um den Kaschmir-Konflikt, die letzte Gesundheitsreform oder Fiskalpolitik geht, immer fängt es harmlos damit an, dass die Ansichten vorgestellt werden. Je mehr aber die Unterschiede zwischen den einzelnen Standpunkten herausgearbeitet werden, desto rascher startet ein Überlegenheitsspiel: Die Teilnehmer versuchen, die anderen von der Überlegenheit der eigenen Meinung zu überzeugen. Die Debatte verliert den Boden der Sachlichkeit, und – ohne dass jemand noch nachvollziehen kann, wie es dazu gekommen ist – plötzlich finden sich alle in einem handfesten Streit wieder. Warum? Weil sich die Teilnehmer mit den Meinungen ihrer Egos identifizieren. Wird diese Meinung bezweifelt, entsteht der Eindruck, die eigene Person würde angegriffen. Und die gilt es natürlich mit aller Macht zu verteidigen. Also wird – quasi in Notwehr – auch die Meinung des Gegenübers mit aller Vehemenz angegriffen mit der Folge, dass sich der andere Gesprächsteilnehmer nun ebenfalls in seiner Person angegriffen sieht. In dem immer verzweifelter werdenden Versuch, den anderen »unschädlich« zu machen, um sich selbst in Sicherheit zu bringen, schaukelt sich der Streit so hoch, dass die Angriffe irgendwann tatsächlich auf das Wesen der anderen Person zielen. Im Endeffekt wird auf diese Weise eine Situation erzeugt, die niemand wollte und die niemanden glücklich macht. Sie ist entstanden durch die irrtümliche Identifikation mit dem Ego. Die Meinungen und Gedanken wurden mit den Personen gleichgesetzt. Als würde ein einzelner Standpunkt alles sein, was einen Menschen ausmacht. Und seien wir ehrlich: Wie oft kam es schon vor, dass wir unsere Meinungen geändert haben? Sind wir dadurch gleich zu völlig anderen Menschen geworden? Natürlich nicht. Das Ego aber kämpft stets nur für sich selbst. Es versucht permanent, Bestätigungen für seine Bestandteile zu finden, um sich weiter auszudehnen. Deshalb muss die eigene Meinung so heftig verteidigt werden. Deshalb sehen wir auch überall nur die Beweise dessen, was wir ohnehin schon glauben. Denn unbewusst suchen wir nach genau diesen Bestätigungen, weil wir all unsere Aufmerksamkeit und Energie darauf richten. Dies hat nichts damit zu tun, dass wir die Bestätigungen als wünschenswert erachten. Ganz im Gegenteil.

Eine Freundin berichtete kürzlich davon, wie sehr sie darunter leidet, immer mehr zu geben als alle anderen. In ihren Beziehungen, Freundschaften und sogar in ihrem

Job, immer hat sie das Gefühl, mehr leisten zu müssen als ihre Mitmenschen und weder das Gleiche zurückzuerhalten noch ihre Leistung geschätzt zu sehen. Sie konnte endlos viele Beispiele aufführen von Situationen, in denen sie größere Anstrengungen aufwenden musste als andere. Sie identifizierte sich mit der Vorstellung, jemand zu sein, der zu viel gibt und zu wenig bekommt. Ihr ganzer Geist war auf diese Vorstellung fixiert. Wann immer eine Situation auch nur versprach, das Potential zu haben, von ihr mehr als von den anderen abzuverlangen, sprang ihr Ego siegessicher ins Bild und rief: »Ha, ich wusste es!« Situationen, in denen aber andere mehr leisteten, erreichten kaum ihre Aufmerksamkeit. Wie sie aus dieser Nummer wieder herausfand? Nun, zunächst erreichte sie den kritischen Punkt, von etwas so sehr gestört zu sein, dass die Mühe der Veränderung einen Preis darstellt, den man zu zahlen bereit ist. Das ist keineswegs eine Selbstverständlichkeit. Leiden ist häufig leichter als Lösen. Ihr Bedürfnis, ihr Unglück zu schildern, war in diesem Fall bereits Ausdruck eines ausreichenden Maßes an Verdruss. Sie wollte etwas bewegen. Sie begann, ihr Ego zu beobachten. Dabei ertappte sie sich immer häufiger dabei, wie sie sich selbst bestätigte, dass sie zu viel gab. Je deutlicher sie dies erkennen konnte, desto besser gelang es ihr auch, einen Standpunkt außerhalb dieses Tunnelblicks einzunehmen. Sie entdeckte Momente, in denen tatsächlich andere mehr gaben als sie, und begann, ihre Aufmerksamkeit gezielt darauf zu richten. Sie merkte immer rascher, wann die alten Denkmuster wieder von ihr Besitz ergriffen und ihre innere Stimme mit dem immer gleichen selbstmitleidigen Dialog begann. Dann konnte sie von diesem Karussell abspringen und ihren Geist bewusst in andere Richtungen lenken. Und weil sich ihr Denken immer weniger auf diese eine Sache konzentrierte, zog sie diese auch weniger an. Wie in ihrem Geist nahm auch in ihrer äußeren Umwelt die Bedeutung unausgewogener Situationen stetig ab. Irgendwann hatte sie die alte Identifikation abgestreift. Sie sah sich nicht länger als jemand, der zu viel gibt, sondern hatte stattdessen ein Selbstbild entwickelt, das weit darüber hinausging und ihr neue Handlungsspielräume eröffnete.

Der Schlüssel zur Lösung von der Ego-Identifikation besteht also darin, die Warte eines Betrachters einzunehmen. Sobald ich etwas beobachte, bin ich nicht mehr eins mit dem Objekt meiner Betrachtung. Wenn wir auf diese Weise erfahren, dass wir nicht eins sind mit unserem Ego, besteht auch keine Notwendigkeit mehr, es mit aller Macht zu verteidigen. Ebenso wenig müssen wir es immer ernst nehmen. Ich bin nicht die Stimme in meinem Kopf. Hören Sie der Stimme zu, aber seien Sie dabei aufmerksam und halten Sie nicht alles, was diese Stimme sagt, für eine absolute und unumstößliche Wahrheit. Erinnern Sie sich: Zu vielen Sachverhalten hatten Sie vor einigen Jahren völlig andere Gedanken als heute. Ansichten, Meinungen, Überzeugungen und Wissen sind dynamisch und wandelbar. Entsprechend unsinnig ist es meist, anderen

Menschen persönlich übel zu nehmen, eine andere Meinung zu vertreten als die eigene. Ohnehin ist den eigenen Gedanken mit größerer Gelassenheit zu begegnen. Weder sollte man sie immer ernst nehmen noch sie unentwegt gegen alle potentiellen Angriffe mit Vehemenz verteidigen oder – noch schlimmer – sie für sakrosankt halten. Sobald man die zwanghafte Identifikation mit jedem einzelnen Gedanken loslässt, befreit man sich von einer anstrengenden und nervenzehrenden Last. Wenn Sie aufhören, sich an etwas so Wankelmütiges wie das Ego zu klammern, kommen Sie in Kontakt mit Ihrem wahren, authentischen Selbst. Das Gefühl innerer Balance stellt sich ein. Kraft und Ausgeglichenheit treten an die Stelle von Selbstzweifeln und Getriebenheit. Sie sind nicht mehr gezwungen, die Welt durch den Tunnelblick des Ego wahrzunehmen. Was Ihnen vorher eng erschien, löst sich plötzlich, und Sie erleben die Weite einer befreiten Perspektive. In dieser Freiheit entfaltet sich leicht, fast still und elegant, das gewaltige Potential, das in Ihnen steckt.

Geschichte
Warum das Gedächtnis wie Knetmasse ist

»Wir sehen die Dinge nicht so, wie sie sind.
Wir sehen sie so, wie wir sind.«
Anaïs Nin

Ein weiteres Paradigma der falschen Identifikation, das die volle Entfaltung des eigenen Potentials und die Möglichkeit, im Bliss zu leben, einschränkt, ist die eigene Geschichte. Unsere autobiographischen Erinnerungen, die wir uns selbst und unseren Mitmenschen immer wieder erzählen und mit denen wir ein Bild dessen zeichnen, was wir als besonders prägend für unsere Persönlichkeit erachten. Als Einschränkung der eigenen Freiheit wirkt die eigene Geschichte dann, wenn sie nicht als positiver Teil des Identitätsgefühls wirkt, weil sie uns nicht die Gewissheit vermitteln kann, bereits große Herausforderungen gemeistert zu haben, und uns in ein Korsett schnürt, wie wir uns künftig zu verhalten haben. Wir halten es dann für eine gegebene Tatsache, dass unsere Lebensgeschichte eine Reihe Entfaltungsmöglichkeiten ausschließt, »weil wir ja gar nicht anders können«. Und so lässt man nur noch Denk- und Handlungsmuster zu, die dazu passen. Dabei werden die negativen Elemente der Vergangenheit überhöht und – als wären sie nicht schon schlimm genug –

immer und immer wieder erzählt. Im eigenen Kopf werden diese traurigen oder tragischen Elemente in einer monotonen Endlosschleife abgespielt.

Vor ein paar Monaten war ich wegen eines sich verzögernden Anschlussfluges auf einem Flughafen gestrandet. Zusammen mit einigen anderen Passagieren saß ich mehrere Stunden an der kleinen Bar des Außenbereiches, und wir versuchten, die Zeit tot zu schlagen, während wir den startenden Flugzeugen nachsahen, die in der schwülheißen Nacht verschwanden. Bei dieser Gelegenheit fing Erik, ein blonder Däne in den späten Dreißigern, an, uns über sein Martiniglas hinweg seine Lebensgeschichte auszubreiten. Ausgestattet mit einem massiven Jetlag folgte ich nicht jeder Einzelheit, sodass mir umso mehr auffiel, welche Elemente seines Lebens er für seine Geschichte auswählte. Sein Chef sei ein Nichtskönner, der den Kunden ständig Versprechungen mache, die das Unternehmen gar nicht erfüllen könne, mit der Konsequenz, dass er das angerichtete Chaos dann wieder ausbaden müsse. Lebhaft berichtete er von mehreren Projekten dieser Art, von den »unfassbaren« Fehlern der Kollegen und seinen beinahe rund um die Uhr gehenden Schichten. Über irgendwelche Umwege kam er dann auf sein Elternhaus zu sprechen, das ihm eine höchst unerfreuliche Kindheit beschert hatte, was hauptsächlich an seiner Mutter lag, die regelmäßig abgehauen war, statt sich um ihre Kinder zu kümmern. Er berichtete, wie er und sein Bruder mehr oder minder erfolglos versucht hätten, sich allein durchzuschlagen, wenn der Vater nicht da und die Mutter mal wieder weg war. Von seinem Vater habe er den starken Arbeitswillen, er könne einfach nicht anders, als im Job alles zu geben. Irgendwo zwischen seinen Ausführungen zum Thema Frauen und der Schilderung seines Nierenleidens regte sich bei mir nicht nur Verständnis für seine Mutter, mir wurde auch klar, dass er diese Geschichte schon sehr oft erzählt haben musste.

Eriks Fall ist ein gutes Beispiel dafür, wie sich die eigene Vergangenheit zum einschränkenden Paradigma auswächst. Erik hatte beinahe ausschließlich Negatives aus seiner Vergangenheit zu berichten. Seine Schilderung von sich und seinem Leben handelte nicht von der Bewältigung von Schwierigkeiten (was viel interessanter gewesen wäre), sondern von schlechten Erfahrungen und wie sie ihn in seiner gegenwärtigen Situation einschränkten. Mit dieser Kindheit konnte man ja gar nicht glücklich werden, das schien für ihn eine unausweichliche Tatsache. Ganz abgesehen von den vielen anderen Steinen, die ihm das Schicksal in den Weg gelegt hatte und die ihn dazu verdammten, überarbeitet und gehetzt zu sein und in freudlosen Beziehungen zu leben. Indem er sich und anderen diese Geschichte wieder und wieder erzählte, erlebte er sie jedes Mal neu und richtete seine Aufmerksamkeit willentlich und wiederholt auf die negativen Aspekte seiner Vergangenheit. Sicherlich betrachtete er selbst seine Geschichte als eine Schilderung von Fakten, ohne auch nur in Erwägung zu ziehen, dass seine Autobiographie auch ganz anders klingen könnte, wenn er andere Elemente aus der Vielzahl seiner Erfahrungen gewählt hätte. Solchen Geschichten wie Eriks begegnet man leider nicht selten. Sie handeln von tragischen Unglücken, schweren Kindheiten und verpassten Chancen und schränken die vielfältigen Denk- und Handlungsmöglichkeiten massiv ein. Nur wenige begreifen sich selbst als Glückskinder. Viel mehr Menschen fühlen die schwere Last der Vergangenheit auf ihren Schultern und erzählen von dem Leid und dem Unrecht, das ihnen widerfahren ist.

Betrachten Sie doch einmal Ihr eigenes Leben im Rückblick: Welche Ereignisse stehen Ihnen sofort bildhaft vor Augen? Welche Ereignisse haben Sie oft erzählt? Mit welchen Ereignissen aus der Vergangenheit versuchen Sie, Ihr Verhalten in der Gegenwart zu erklären? All das ist Ihre Geschichte – nicht etwa die tatsächliche Chronologie Ihres Lebens, wie Sie bisher vielleicht angenommen haben. Es ist eine Erzählung, die Sie für sich gewählt haben. Denn das autobiographische Gedächtnis bildet keineswegs die wirklichen Geschehnisse ab, wie uns die Gedächtnisforschung zeigt.

Lange Zeit ging man davon aus, das menschliche Gedächtnis speichere ein exaktes Abbild unseres Erlebens. Schon Platon verglich das Gedächtnis mit den damals üblichen Wachstafeln und ließ Sokrates in seinem Werk Theaitetos sagen: »Was sich nun abdrückt, dessen erinnern wir uns und wissen es, solange nämlich sein Abbild vorhanden ist. Hat sich aber dieses gelöscht, oder hat es gar nicht abgedrückt werden können, so vergessen wir die Sache und wissen sie nicht.« Seine Sicht wirkt bis in die Gegenwart hinein, bis heute sprechen wir von einem »starken Eindruck«, den etwas auf uns gemacht hat, wenn wir uns gut daran erinnern. Auch inhaltlich hat sich im Laufe der Jahrhunderte kaum etwas an dieser Vorstellung geändert. Die Bilder variieren zwar, mal wird das Gedächtnis mit einem Lagerhaus, mal mit einem Wunderblock oder mit dem Arbeits- und Festplattenspeicher eines Computers verglichen, aber die dahinterliegenden Annahmen, hier verdeutlicht an dem Bild des Karteikartensystems, sind immer gleich: Die Erinnerungen stellt man sich als Abbilder dessen vor, was der Mensch tatsächlich erlebt hat. Je nachdem, ob man sich für lange oder nur für kurze Zeit an etwas erinnert, befinde sich die Karteikarte mit der jeweiligen Erinnerung im Fach des Lang- oder des Kurzzeitgedächtnisses. Die Karteikarte wechselt vielleicht einmal vom Kurz- ins Langzeitgedächtnis oder fällt ganz aus dem System heraus und geht verloren, aber der Eintrag selbst würde unangetastet bleiben.

Noch in den 60er-Jahren versuchte man, sogenannte »Gedächtnismoleküle« nachzuweisen, also Erinnerungen, die in Form von Eiweißteilchen im Gehirn abgespeichert sein sollten. Der Biologe James McConnell nahm zu diesem Zweck ein besonders kurioses Experiment vor, das er im *Journal of Neuropsychiatry* vorstellte:[10] Er bestrahlte Plattwürmer mit einem hellen Licht und verpasste ihnen daraufhin einen elektrischen Schock, der sie zusammenfahren ließ. Nachdem sie der Kombination von Licht und Elektroschock mehrmals ausgesetzt waren, zogen sich die Würmer schon zusammen, wenn nur das Licht anging. Sie hatten die Verbindung von Licht und Elektroschock gelernt und erinnerten sich daran. Anschließend wurden die Würmer püriert, und McConnell verfütterte sie an Artgenossen, die bisher nicht Teil des Experiments gewesen waren. Auffallend viele der neuen Würmer reagierten nach ihrer kannibalistischen Mahlzeit ebenfalls mit Zusammenziehen auf Licht, obwohl sie die Lernerfahrung des Elektroschocks nie gemacht hatten. Sie mussten also, so schlussfolgerte McConnell, die Erinnerungen der anderen Würmer gefressen haben. Der Kolumnist der *New York Herald Tribune*, Art Buchwald, empfahl den amerikanischen Studenten daraufhin »Verspeisen Sie Ihren Professor!«.[11] McConnells Versuchsergebnisse konnten übrigens von anderen Wissenschaftlern nicht reproduziert werden. Erinnerungen sind definitiv nicht essbar.

Mittlerweile weiß man, dass Gedächtnisinhalte noch nicht einmal in einer einzelnen Gehirnregion abgespeichert werden, sondern in zahlreichen Bereichen mit einer Vielzahl unterschiedlicher Mechanismen. Auch muss zwischen verschiedenen Gedächtnisformen unterschieden werden. Geschichten beispielsweise werden im sogenannten episodischen Gedächtnis des Gehirns abgespeichert, das uns hier besonders interessiert.[12] Denn es ist in etwa gleichbedeutend mit dem autobiographischen Gedächtnis. Die Differenzierung, die einige Forscher zwischen beiden vornehmen, ist in diesem Zusammenhang nicht von Belang. Dieses Gedächtnis repräsentiert einzelne Bestandteile unserer Lebensgeschichte und mit ihnen eine ganze Reihe Selbstzuschreibungen (zum Beispiel: »Ich bin schon immer schlecht im Umgang mit Zahlen gewesen.«). Diese Form des Gedächtnisses ermöglicht es Menschen, sich mental zurück in die Vergangenheit zu projizieren und Ereignisse erneut zu erleben.[13] Da noch nicht nachgewiesen werden konnte, dass Tiere, neben ihrer Fähigkeit, Ereignisse aus der Vergangenheit abzurufen, auch die darüber hinausgehende Fähigkeit besitzen, Vergangenes nachzuerleben, wird darüber diskutiert, ob es sich bei dieser Form des »mentalen Zeitreisens« um etwas spezifisch Menschliches handelt.[14]

So selbstverständlich es uns scheint, eine Lebensgeschichte zu besitzen und Episoden daraus erzählen zu können, so wenig reflektieren wir dieses Gedächtnis. Die Annahme, es funktioniere ähnlich einer Festplatte, die exakte Abbilder des Erlebten speichert, ist nach wie vor weit verbreitet. Dabei hat die Wissenschaft sie längst widerlegt. Es werden im autobiographischen Gedächtnis bei Abruf von Gedächtnisinhalten keine Schubladen des Langzeitgedächtnisses aufgezogen, um dann die Inhalte zu betrachten. Vielmehr ist das Erinnern ein höchst dynamischer Prozess. Zahlreiche Studien legen nahe, dass autobiographische Erinnerungen, wenn sie abgerufen werden, komplett vom Langzeit- in das Arbeitsgedächtnis transferiert und danach jedes Mal neu abgespeichert werden.[15] Dabei verändern sie sich jedoch. Sich erinnern ist, wie John Kihlstrom, Psychologieprofessor an der Universität Berkeley, es beschreibt, nicht wie das Lesen eines Buches – es ist viel mehr wie das Schreiben eines Buches mit Hilfe einzelner, bruchstückhafter Notizen.[16] Auch die Emotionen, auf die an späterer Stelle noch ausführlicher eingegangen wird, beeinflussen diese gehirninterne Informationsversendung. Ihre eigentliche Funktion in diesem Zusammenhang ist zu klären: Welche Erfahrungen sind für mich wichtig (etwa die eigene Hochzeit oder der Unfall eines Freundes) und sollten gespeichert werden? Und welche Erfahrungen werden in Zukunft vermutlich keine große Rolle spielen (etwa, was ich vor zwei Wochen im Supermarkt gekauft habe oder welche Farbe die Bluse meiner Kollegin hatte) und dürfen schnell verblassen? Emotionen wie Freude, Liebe, Furcht oder Trauer fungieren als Indikator dafür, ob Erfahrungen langfristig gespeichert werden sollen oder nicht. Aber es ist keineswegs so, dass sie danach unwichtig würden: Wird nämlich ein Inhalt aus dem Langzeitgedächtnis abgerufen und erzählt, dann beeinflussen die Emotionen, die das Erzählen bei Ihnen und Ihren Zuhören auslöst, auf subtile Art und Weise auch wieder das erneute Abspeichern dieser Erinnerung – »das Ereignis und das Erzählen des Ereignisses beginnen sich in Ihrem Kopf zu vermischen«.[17] Das Design unseres Gedächtnisses ist also keineswegs entworfen, um originalgetreue Abbilder des Erlebten unveränderlich in Stein zu meißeln. Stattdessen ist es veränderlich und beeinflussbar.

Auf drastische Weise verdeutlichen dies die Forschungen von Elizabeth F. Loftus, einer der prägendsten Persönlichkeiten der kognitiven Psychologie von der Universität Washington. In zahlreichen Experimenten konnte sie nachweisen, wie leicht sich Erinnerungen mit Hilfe äußerer Suggestionen manipulieren lassen. So legte sie Probanden in einer ihrer Studien[18] Fotos vor, auf denen die Versuchsteilnehmer selbst als Kind in einem Heißluftballon zu sehen waren. Bei diesen Fotos handelte es sich um Montagen, tatsächlich hatte sich Loftus zuvor von den Familien der Probanden versichern lassen, dass die Probanden in ihrer Kindheit niemals mit einem Heißluftballon geflogen waren. Dennoch glaubte die Hälfte der Probanden später, sich an diese Ballonfahrt zu erinnern. Viele schilderten sogar die Aufregung, die sie dabei erlebt hätten. Diese Erinnerung ließ sich besonders leicht manipulieren, da Bilder im Spiel waren. Die Gehirnregionen für Bildverarbeitung und Phantasie überschneiden sich, weshalb sich Erinnerungen mit Hilfe von Bildern sehr leicht durcheinanderbringen lassen.

Aber auch ohne Bilder lässt sich die Erinnerung an Erlebtes mit Leichtigkeit trügen. So erzählte der Teenager Chris Coan, wie er im Alter von fünf Jahren in einer Einkaufspassage verloren ging. Lebhaft schilderte er die Angst, seine Familie niemals wiederzusehen. Schließlich fand ihn seine Mutter in Begleitung eines alten Mannes, der eine Brille und ein blaues Flanellhemd trug. In Wirklichkeit aber war Chris niemals in einer Einkaufspassage verloren gegangen. Den alten Mann im Flanellhemd hat es nie gegeben. Elizabeth Loftus war die Schöpferin dieser Erinnerung: Sie hatte Chris' Bruder Jim gebeten, Chris vier Geschichten aus seiner Kindheit zu erzählen, drei wahre und eine erfundene. Dadurch, dass eine vertrauenswürdige Person ihm im Kontext richtiger Erinnerungen diese eine erfundene erzählt hatte, eignete sich Chris die erfundene Geschichte so an, dass sie für ihn nicht mehr von einem tatsächlich erlebten Ereignis zu unterscheiden war. Als Chris nach einigen Wochen über das Experiment aufgeklärt wurde, konnte er es kaum glauben: »Ich erinnere mich noch genau daran, wie ich geweint habe und wie Mutter auf mich zukam und sagte: ›Tu das nie wieder!‹.«[19]

Das Muster durchbrechen
Wie Ihre Lebensgeschichte zur Kraftquelle wird

Was heißt das für unser alltägliches Leben? Zunächst einmal bedeutet es, dass der Spielfilm, der in Ihrem Kopf abläuft, wenn Sie an Ihre eigene Lebensgeschichte denken, keineswegs mit einem Camcorder aufgenommen wurde. Vielmehr handelt es sich um einzelne Bruchstücke und Sequenzen, die Ihr Gehirn so ergänzt, dass sie ein ganzheitliches Bild ergeben. Viele unserer Erinnerungen beruhen stärker auf Phantasie und auf Erzählungen als auf wirklichen Gegebenheiten. Ein wichtiger Punkt, wenn man bedenkt, dass viele Menschen die Geschichte ihres Lebens als das begreifen, was sie selbst ausmacht. Aber damit nicht genug, Ihre autobiographische Geschichte ist zudem noch ständig in Bewegung. Sie ist nicht auf Karteikarten geschrieben, sondern aus Knetmasse geformt. Sie selbst können bestimmen, welchen Pfaden Sie darauf folgen und welche Sie festigen. Suchen wir uns die Momente glorreicher Siege und überwundener Schwierigkeiten aus oder berichten wir stets aufs Neue von den Widrigkeiten, die nicht gemeistert wurden, von den schweren Bedingungen und unglücklichen Fügungen? Nutzen wir die Freiheit, die wir in der Gegenwart besitzen, oder lassen wir uns festhalten von dem, woran wir uns zu erinnern glauben?

Der Weg zum Durchbrechen des Paradigmas der eigenen Geschichte führt über die Erkenntnis. Reflektieren Sie die Geschichte, die Sie im Rückblick auf Ihr Leben am häufigsten in Ihrem Kopf abspulen. Sind es Momente des Glücks oder des Unglücks, geben sie Kraft oder lähmen sie? Wie stark glauben Sie, bestimmt Ihre Geschichte, wer Sie sind? Denken Sie darüber nach, was Sie denjenigen Menschen über sich erzählen, die Sie gerade erst kennengelernt haben. Häufig können Sie auf diesem Weg Ihre eigene Geschichte aufspüren. Sie kann genauso gut eine Aneinanderreihung ruhmreicher Erfolge sein wie eine Geschichte des unschuldigen Leidens durch die Taten anderer. Sie kann schön oder traurig, lang- oder kurzweilig sein. Sie kann sich um das drehen, was hinter Ihnen liegt, oder um das, was Sie vor sich haben. Sie mag davon handeln, wie Sie die Welt bereist haben, mit welcher Krankheit Sie oder Ihre Angehörigen kämpfen, welches besondere Ereignis Sie erlebt haben, welch schwere Kindheit oder welch anstrengenden Job Sie haben. Egal, wovon sie handelt, es ist nur eine Geschichte. Und wie alle Geschichten kann sie freudvoll oder traurig sein. Sie selbst sind der Schöpfer der Geschichte, Sie können wählen, welchen Elementen Sie Bedeutung beimessen, welche Erlebnisse Sie in den Mittelpunkt rücken. Der Begründer der modernen Hypnosetherapie Milton H. Erickson hat es treffend auf den Punkt gebracht: »Es ist nie zu spät, eine gute Kindheit zu haben!« Es geht dabei nicht darum, negative Erfahrungen auszublenden, sondern darum, mit Sanftmut auf sie zurückzublicken und sich bewusst zu entscheiden, worauf man seine Aufmerksamkeit lenkt. Denn die eigene Geschichte ist nur das: eine Geschichte. Mehr nicht. Diese Erkenntnis kann Sie zu Ihrem authentischen Selbst zurückbringen, einem Selbst, das viel größer ist als eine bloße Aneinanderreihung einzelner Erfahrungen. Denn eine Geschichte, die uns einschränkt, filtert die Welt, die wir wahrnehmen. Elemente, die sie bestätigen, gelangen dann ins Zentrum unserer Aufmerksamkeit. Elemente, die sie entkräften, entgehen uns. So erleben wir, was wir glauben. Wir blicken durch einen Schleier auf die Welt und sehen nur noch Fragmente dessen, was vor uns liegt. Dabei können wir selbst steuern, ob wir negative Erlebnisse in den Vordergrund rücken oder an erfüllende Ereignisse und Erfolge denken, wenn wir unsere Vergangenheit betrachten. Finden lässt sich immer beides, wir wählen aber, worauf wir unsere Aufmerksamkeit richten. Und indem wir uns frei entscheiden, gibt die Vergangenheit nicht mehr vor, was in der Zukunft möglich sein wird und was nicht. Nichts muss sich fügen in das, was man bisher getan hat. Aber alles kann sich fügen. Den Spielfilm des eigenen Lebens in Beibehaltung bisheriger Kontinuität weiterlaufen zu lassen wird so zu einer Option neben vielen. Wir können mit allem brechen, was wir bisher getan haben, oder alles belassen, wie es ist. Sie selbst schreiben Ihre Geschichte. Jetzt.

Körper
Wie der Körper den Geist manipuliert

»Es ist der Geist, der sich den Körper formt.«
Friedrich Schiller

In einer komplexen und unübersichtlichen Welt wie der unseren orientieren sich viele Menschen an dem, was einfach und naheliegend scheint: der Äußerlichkeit. Die als unlösbar betrachteten Fragen danach, was ein gelungenes Leben ausmacht, wie man die grundlegenden Weichen stellen soll und was persönliche Integrität bedeutet, können dann ignoriert werden, denn es gibt ja nun einen Orientierungspunkt, an dem man sich festhalten und dessen klarer Richtungsweisung man folgen kann. Suche ich mein Glück darin, ein bestimmtes Aussehen oder einen bestimmten Besitz zu erlangen, dann weiß ich, was ich zu tun habe. Ich kenne den Weg, den ich gehen muss, um »ein guter Mensch« zu sein. Die komplexen Fragen des Lebens werden auf eine überschaubare Ebene reduziert. Wird Äußerliches auf diese Weise zum Navigationspunkt, wirkt es wie eine verzerrende Linse, die blind macht für alles andere. Die Verbindung zwischen innerer und äußerer Wirklichkeit geht verloren. Und so findet man sich in einem Leben wieder, das schal und bedeutungslos verläuft, ohne zu wissen, wie man dorthin gelangt ist.

Fraglos stellt die Physiognomie eines Menschen einen Aspekt seiner Person dar. Aber eben nur einen neben anderen. Was in unserem Kulturkreis jedoch oft praktiziert wird, ist, die Körperlichkeit zum Selbst einer Person zu überhöhen. Aussehen und Gesundheit entscheiden dann über ihren Wert und darüber, ob man selbstbewusst oder unsicher ist, ob man sich mag oder nicht. Eine Flut von Gedanken kreist unablässig darum, wie ich aussehe und wie andere aussehen. Die äußere Erscheinung und die Gesundheit werden auf einen Thron gehoben, der so mächtig ist, dass er alles andere in den Schatten stellt. Das Aussehen wird so zum unfehlbaren Maßstab für den Wert eines Menschen erhoben und legt fest, ob man sich selbst und andere Menschen als wichtig und kostbar empfindet. Meistens fällt das Urteil über die eigene Person dabei vernichtend aus. Umgeben von omnipräsenten Kreationen digitaler Bildbearbeitung, die uns von jedem Plakat und jeder Verpackung aus angrinsen, fällt es leicht, eigene »Defizite« wie die falsche Figur, eine zu große Nase oder einen Mangel an Muskeln auszumachen. Diese vermeintlichen Defizite werden so stark fokussiert, dass alle anderen Eigenschaften daneben verschwinden. Das Denken kreist nicht um die erstaunliche Funktionalität und Selbstheilungskraft des Körpers, es kreist nicht um seine Ästhetik oder seine wohligen Empfindungen. Es dreht sich stattdessen in einer Endlosschleife um alles, was als körperlicher Fehler betrachtet wird. Das eigene Selbst reduziert sich auf Figur, Bauch, Nase oder Körpergröße. Die Welt wird nur noch durch dieses Denkmuster erfahren. Seinetwegen fühlt man sich auch in schönen Situationen schlecht, und seinetwegen verzichtet man auf Tätigkeiten, die Freude bereiten würden. Die Welt schrumpft auf die Maße des eigenen Körpers zusammen. Ähnlich verhält es sich mit einer anderen Ausprägung der überzogenen Körper-Identifikation: der völligen Konzentration auf die Gesundheit. Natürlich ist es sinnvoll, einen gesunden und bewussten Lebensstil zu pflegen. Wird dies aber zum Lebensinhalt und die Gesundheit in beinahe religiöser Verehrung über alles andere erhoben, verengt sich der Blickwinkel. Wenn die Aufmerksamkeit ständig um die Gesundheit oder Krankheit des eigenen Körpers kreist, bleibt kaum mehr Raum für anderes. Die Wahrnehmung für die mannigfaltige Welt stumpft ab, und das Leben schrumpft auf den Aspekt der Körperlichkeit zusammen.

Die Reduzierung des Selbst auf den Körper ist dabei ebenso verbreitet wie tragisch. Das Ideal einer makellosen und unveränderlichen Physiognomie wird nämlich nie erreicht. Stattdessen werden Krankheit, Alter und Umwelteinflüsse zu permanenten Bedrohungen, die es mit großem Energieaufwand unaufhörlich zu bekämpfen gilt. Das Erleben der Nicht-Perfektion wird zum Dauerzustand und der Körper zu einer ewigen Baustelle. Das Selbstbewusstsein hat keine Chance, sich frei zu entwickeln, da es fest an die vermeintlichen Mängel geschnürt und zur Schwäche verdammt ist. Nicht selten wird dieses Paradigma durch das Paradigma einer ungünstigen Zeitwahrnehmung, das später noch ausführlich behandelt wird, verstärkt. So werden Gesundheit und Schönheit auf einen Punkt in der Zukunft projiziert, und das Leben verkommt zu einem nicht enden wollenden Warten auf bessere Zeiten.

Als weiterer Scherge gesellt sich der Vergleich zu der Runde. Wiegt diese oder jene Person mehr oder weniger als ich? Ist ihr Kleidungsstil besser oder schlechter als meiner? Hat sie diese berufliche Position und diesen Partner wegen ihres Aussehens gekriegt? Wenn ich nur ihre Gesundheit/Körpergröße/Haut hätte, dann ... usw. So reduziert sich nicht nur die Wahrnehmung der eigenen Person, sondern gleichzeitig die Wahrnehmung anderer Personen auf rein Äußerliches. Wie eine Person wirklich ist, ob sie einen spannenden Charakter hat und interessante Gespräche verspricht, wird, wenn überhaupt, erst nachgelagert bemerkt. Sind die inneren Repräsentationen, die das Selbstbild eines Menschen prägen, auf diese Weise auf Äußerlichkeiten fixiert, dann gleiten die spannenden Facetten der Wirklichkeit ungesehen vorbei. Das Gefühl eines Ungleichgewichts stellt sich ein. Die Verbindung zwischen Innen und Außen ist verloren gegangen, und dieser Verlust drückt sich in einer Dysbalance aus, die spürbar ist. Eine freie Entfaltung ist von diesem instabilen Ausgangspunkt aus nur schwer möglich. Das feste eigene Fundament wieder zu entdecken ist eine Voraussetzung, um die starre Wahrnehmungsperspektive verlassen und in die Fülle eines vielfältigen Lebens – den eigenen Bliss – eintauchen zu können.

Das Muster durchbrechen
Wie Sie Balance finden

Um ein Gleichgewicht zwischen Innen und Außen zu erzielen, müssen Sie sich auf zwei Feldern betätigen: Sie müssen Ihr Denken disziplinieren und Ihr Körpergefühl verbessern. Das Denken disziplinieren bedeutet, negative Denkgewohnheiten aktiv zu verändern. Hören Sie auf, die immer gleichen Gedanken voller Selbstmitleid und Vorwürfe abzuspulen. Achten Sie auf die Stimme im Kopf. Stoppen Sie sie bewusst, sobald die üblichen kritischen Sätze zu Ihrem Körper erklingen, und sagen Sie sich stattdessen innerlich die gegenteiligen Sätze. Es ist egal, wie wenig Sie glauben, was Sie dann zu sich sagen, oder wie lächerlich Sie sich möglicherweise dabei vorkommen.

Verhindern Sie konsequent, dass die negativen Gedanken Sie völlig vereinnahmen, und stellen Sie ihnen jedes Mal, wenn sie aufkommen, positive und kraftvolle Sätze entgegen. Auf diese Weise werden Sie mit der Zeit lernen, das Abspielen des immer gleichen inneren Tonbandes zu verhindern. Indem Sie wieder und wieder aktiv dagegen vorgehen, verliert es seine feste Spur. Es wird leiser und schwächer. Man begegnet sich selbst immer seltener mit andauernder Kritik und immer häufiger mit Achtung und Wohlwollen. Ihr Körpergefühl wird sich deutlich verbessern. Je weniger Sie sich selbst heruntermachen und je mehr positive Signale Sie Ihrem Körper senden, desto kraftvoller und leichter wird er sich anfühlen. All die Gedanken, die bisher an die immer gleichen Sätze voller Selbstmitleid oder Selbstvorwürfe gebunden waren, werden frei und offen für Neues. All die Energie, die Sie bisher auf die vermeintlichen Mängel gerichtet haben, steht Ihnen nun zur Umsetzung Ihrer Ziele zur Verfügung.

Erkennen Sie, dass der Körper, genau wie alles andere auf der Welt, einem ständigen Veränderungsprozess unterliegt und dass dieser Veränderungsprozess nicht gestoppt werden muss. Vom vorsokratischen Philosophen Heraklit ist die berühmte Formel »panta rhei«, griechisch für »alles fließt« überliefert: »Wer in dieselben Flüsse hinabsteigt, dem strömt stets anderes Wasser zu.« Die Grundstruktur der Realität ist demnach nicht statisch, sondern prozesshaft und die scheinbare Stabilität eine Funktion der Bewegung selbst.[20] Geben Sie den Gedanken auf, die völlige Kontrolle besitzen zu müssen. Sie haben sie ohnehin nie gehabt. Alles verändert sich – immer. Der Versuch, die Dinge festzuhalten und in bestimmte Richtungen zu zwingen, verkennt das Wesen der Dinge und führt zwangsläufig ins Unglück. Der Fluss des Lebens ist immer in Bewegung, und mit dem eigenen Körper verhält es sich nicht anders. Alle sieben Tage haben sich sämtliche Zellen unseres Magens komplett ausgetauscht, das heißt, wir haben praktisch einen neuen Magen. Alle acht Tage haben wir eine neue Lunge, alle vier Wochen eine vollkommen neue Haut und alle zehn Jahre ein komplett neues Skelett.[21] Nichts steht still. Wir können diesen Fluss betrachten, ohne uns dagegenzustemmen und ohne ihn zwanghaft in eine bestimmte Richtung zu drängen. So können wir uns von der Bewegung tragen lassen und das Gefühl von Stimmigkeit und Ganzheit erleben.

Um dieses ausgeglichene Körpergefühl zu erlangen, kann es förderlich sein, Ernährungsgewohnheiten und Bewegungsmuster zu verändern. Niemand bezweifelt mehr die große Wirkung, die die Wahl der Nahrungsmittel auf unseren Organismus hat. Abermillionen Substanzen jedweder Art werden mit jedem Schluck und jedem Bissen in unseren Körper gespült. Unzählige Forschungen versuchen, den einzelnen Nahrungsmitteln spezifische physische Wirkungen zuzuschreiben. Wenngleich bisher nur ein Bruchteil der Substanzen, die wir über unsere Ernährung zu uns nehmen, in ihrer biochemischen Wirkung voll analysiert sind, so ist doch eindeutig, dass die Ernährung einen signifikanten Einfluss auf unseren Körper besitzt. Welche Form der Ernährung man wählt, bleibt jedem selbst überlassen.

Neben der Ernährung ist unser Bewegungsmuster die zweite Säule, auf der ein ausgeglichenes Körpergefühl fußt. Dass sich psychische Zustände auf den Körper auswirken, wissen wir alle. Sind wir niedergeschlagen, lassen wir die Schultern hängen, sind wir verängstigt, ziehen wir den Kopf ein, und wenn wir stolz sind, stehen wir aufrecht und mit klarem Blick. Unsere Körperhaltung, unsere Gestik und Mimik, ja sogar die Art und Weise, wie wir sprechen, spiegeln unsere gegenwärtige Verfassung wider. Diese Richtung der Beeinflussung ist uns bestens vertraut. Weit weniger bekannt ist dagegen, dass diese Wirkung auch in umgekehrter Richtung funktioniert: Die Körperhaltung beeinflusst die Psyche.

Vor mehr als 20 Jahren feilten Paul Ekman und sein Kollege Wally Friesen an einer systematischen Beschreibung sämtlicher Gesichtsausdrücke. Sie ahnten noch nicht, dass ihre Methode zur Messung von Gesichtsbewegungen, das Facial Action Coding System, später zu einem weltweit verbreiteten Codierungsverfahren werden würde, und waren völlig vertieft in die Analyse tausender Gesichtsausdrücke – am Ende sollten sie über 10 000 verschiedene identifiziert haben. Um nachzuweisen, wie bestimmte Muskeln den Gesichtsausdruck verändern, stach sich Ekman sogar selbst Nadeln ins Gesicht, um den darunterliegenden Muskel mittels elektrischer Stimulation zum Kontrahieren zu bringen und so einen bestimmten Gesichtsausdruck hervorzurufen.[22] Dabei machte er eine erstaunliche und unerwartete Entdeckung: Er stellte fest, dass er bei bestimmten Gesichtsausdrücken von emotionalen Empfindungen geradezu überflutet wurde.[23] Er fragte seinen Kollegen Friesen, ob er diese Erfahrung auch schon gemacht habe, und dieser bejahte. Ihm war ebenfalls aufgefallen, dass bestimmte Gesichtsausdrücke, die er im Zuge der Aufzeichnungen und Experimente bewusst machte, auf sein emotionales Befinden wirkten.

Unerwartete Nebeneffekte wissenschaftlicher Untersuchungen schreien geradezu danach, selbst untersucht zu werden, und so dauerte es nicht lange, bis Ekman, Friesen und ein weiterer Kollege namens Robert Levenson sich an die Arbeit machten, um »die verrückte Idee zu überprüfen, ob möglicherweise schon das Aufsetzen eines bestimmten Gesichtsausdrucks Veränderungen im vegetativen Nervensystem des Menschen produzieren kann«.[24] Die Ergebnisse ihrer langjährigen Forschung bestätigten die Erfahrung, die Ekman und Friesen am eigenen Leib gemacht hatten: Wenn Versuchspersonen auf Anweisung bestimmte Gesichtsausdrücke annahmen, fingen sie an, das nachgestellte Gefühl tatsächlich auch zu empfinden. Die Gefühle konnten also durch Mimik und Körperhaltung gezielt erzeugt werden. Während man zuvor noch davon ausging, dass der Mensch lächelt, wenn er Freude empfindet, so war jetzt klar, dass es auch andersherum funktioniert: Der Mensch empfindet Freude, wenn er lächelt. Dies funktioniert ebenso im negativen Sinn: Werden die Gesichtsmuskeln aktiviert, die für Traurigkeit oder Niedergeschlagenheit typisch sind, dann werden genau diese Gefühle hervorgerufen. Die Gesichtsmuskulatur gibt nämlich Rückmeldungen an das Gehirn, welches dann eine ganze Reihe physiologischer Veränderungen auslöst, die zu der aktuell gemeldeten Mimik passen. Eine Vielzahl darauf folgender Studien bestätigte die Wirkung des Körpers auf die emotionale Lage.[25] So wurden die Probanden eines Experiments aufgefordert, ihre Gesichtsmuskeln in einer ganz bestimmten Art und Weise anzuspannen.[26] Dabei war ihnen nicht klar, welche Emotionen diese Muskelbewegungen repräsentierten. Als ihnen im Anschluss eine Geschichte erzählt wurde, deuteten sie die Geschichte in völligem Einklang mit dem emotionalen Ausdruck ihres Gesichts. War die Muskulatur in einer Weise aktiv, die dem Ausdruck von Freude entspricht, dann reagierten sie auf die Geschichte glücklich. Entsprach sie dem Ausdruck von Trauer, wurde die gleiche Geschichte als traurig empfunden.

Die Signale des Körpers wirken sich also unmittelbar darauf aus, wie wir Informationen interpretieren und welche Emotionen wir erleben. »Das Gehirn vergewissert sich der Reaktion des Körpers, um ›zu wissen, wie es sich fühlt‹.«[27] Indem wir also das Erscheinungsbild eines Gefühls nachahmen, können wir dieses Gefühl bis zu einem gewissen Grad tatsächlich erzeugen. Und das ist keineswegs nur auf das Gesicht beschränkt: Auch unsere Körperhaltung beeinflusst, wie wir uns fühlen. Eine gekrümmte Haltung lässt Zweifel und niedergeschlagene Gedanken aufkommen, während eine aufrechte Körperhaltung die Selbstsicherheit erhöht.[28] Es hat sich sogar gezeigt, dass Probanden, die in eine aufrechte Sitzposition gebracht wurden, ein erheblich größeres Durchhaltevermögen bei schwierigen Aufgaben zeigten als Probanden, die die gleichen Aufgaben in gekrümmter Körperhaltung lösen sollten. Dieser Effekt trat sogar dann noch auf, wenn die Versuchspersonen die experimentell induzierte Körperhaltung bereits wieder aufgegeben hatten. Das heißt, die Probanden, die eine gewisse Zeit lang eine gerade und aufrechte Haltung eingenommen hatten, zeigten auch noch im Anschluss daran eine höhere Motivation und ein stärkeres Durchhaltevermögen als die Vergleichsgruppen.[29] Sie können dies leicht testen: Sitzen Sie ein paar Minuten lang zusammengesunken da und anschließend ein paar Minuten aufrecht mit geradem Blick. In welcher Position fühlen Sie sich stärker? Die Antwort fällt immer gleich aus, und es ist eindeutig, warum es erstrebenswert ist, seinen Körper bewusst aufrecht und kraftvoll zu bewegen. Unabhängig davon, ob Sie bisher Sport getrieben haben oder nicht oder welche Bewegungsform Sie sich über die Jahre angewöhnt haben, können Sie trainieren, Ihren Körper aufrecht und geschmeidig zu bewegen. Ist diese Form der Bewegung erst einmal verinnerlicht, bedarf es keiner bewussten Anstrengung mehr. Ihre Ausstrahlung wird sich ändern, Sie senden sich und der Welt Signale Ihrer

Selbstsicherheit. Beginnen Sie in diesem Moment, so oft es Ihnen möglich ist, eine aufrechte Haltung einzunehmen. Stellen Sie sich einen Magneten an der Decke vor, der Sie gerade nach oben zieht. Halten Sie sich aufrecht mit entspannten, zurückgenommenen Schultern und erhobenem Kopf. Je öfter Sie dies praktizieren, desto öfter nehmen Sie diese Haltung automatisch ein. Ihre übrigen Bewegungen werden sich der aufrechten Haltung anpassen. Sie werden wendiger und kontrollierter, und Sie werden die Freude eines starken und harmonischen Körpergefühls erfahren. Der berühmte japanische Zen-Meister Shunryu Suzuki sagte dazu:

> »Wenn Sie in sich zusammensacken, werden Sie sich selbst verlieren. Ihr Geist wird irgendwo herumwandern. Sie werden sich nicht in Ihrem Körper befinden. So geht es nicht. Wir müssen genau hier, genau jetzt existieren! Das ist der Schlüssel. Sie müssen Ihren eigenen Körper und Geist besitzen.«[30]

Neben der alltäglichen Bewegungsart ist es auch die sportliche Bewegung, die zu einer Verbesserung von Körpergefühl und Stimmung führt. Kurz gesagt: Sport macht glücklich. Eine Vielzahl wissenschaftlicher Studien hat bestätigt, dass durch körperliche Anstrengungen Niedergeschlagenheit und Angst abnehmen, während Selbstvertrauen und positive Stimmung wachsen.[31] Ein Grund hierfür ist die Ausschüttung bestimmter Neurotransmitter wie beispielsweise das Glückshormon Serotonin, welche bei sportlicher Betätigung erfolgt. Ein anderer Grund ist das Nachrichtensystem des Körpers. Über unseren gesamten Organismus sind sogenannte viszerale Rezeptoren verteilt. Diese Rezeptoren senden unablässig Lageberichte an das Gehirn etwa über das Herzkreislaufsystem, die Lunge, den Magen, die Haut und so weiter.

> »Doch auch wenn wir uns dieser Signale nicht bewusst werden, deutet das Gehirn sie als Emotionen. Erhöhte Muskelspannung und kalte Hände etwa interpretiert es als Zeichen für Angst, wir spüren ein leichtes Unwohlsein und wissen vermutlich gar nicht, warum.
> Nach einer kleinen Anstrengung jedoch erwärmen sich die Gliedmaßen, die Muskeln entspannen sich, der Puls hat sich etwas beschleunigt. Und genau dies entspricht dem Spiegelbild guter Gefühle im Körper. So können wir die Neuronen im Kopf durch Bewegung auf sanfte Weise manipulieren: Der Organismus gerät in den Zustand, den er sonst in freudigen Momenten einnimmt – und aus den entsprechenden Körpersignalen erzeugt das Gehirn wiederum automatisch gute Gefühle.«[32]

Die Rückmeldungen des Körpers wirken also auf unsere Gefühle. Verändern sich aber unsere Gefühle, dann verändern sich ebenfalls unsere Gedanken, und diese wiederum verändern unsere Wahrnehmungsfähigkeit für Neues.[33] Eine Verbesserung der Körperhaltung und Bewegungsmuster führt also nicht nur zu positiveren Gedanken und einem stärkeren Durchhaltevermögen, sie hellt auch unsere Stimmung auf, fördert unsere Gestaltungskraft und steigert unsere Lebendigkeit.

Besitz
Warum sich Bliss nicht kaufen lässt

»Alles, was du besitzt, besitzt irgendwann dich.«
Tyler Durden in *Fight Club*

In den frühen 30er-Jahren blickt ein Schimpanse nachdenklich auf einen Automaten. Die Weintrauben hinter der Scheibe lassen ihm das Wasser im Mund zusammenlaufen. Nach einer Weile reißt er sich von dem verführerischen Anblick los und hechtet zum anderen Ende seines Geheges. Dort hält er einen Moment lang inne und blickt sich verstohlen nach allen Seiten um. Als er merkt, dass ihn keiner der anderen Schimpansen beobachtet, holt er aus einem Versteck einen blauen Pokerchip hervor. Sorgsam prüft er, ob die übrigen verschiedenfarbigen Chips gut verborgen sind, dann sprintet er zurück zu dem Automaten. Dort wirft er den Pokerchip in den dafür vorgesehenen Schlitz und nimmt exakt die fünf Trauben in Empfang, die er erwartet hat. Genüsslich steckt er sich die süßen Früchte in den Mund, ohne zu ahnen, dass er soeben die große Frage beantwortet hat, warum Menschen Geld erstreben. Weil es ein Platzhalter für Bedürfnisse ist, ein Joker, den wir für Trauben oder anderes einlösen können. In dem einflussreichen Experiment von John B. Wolfe wurde Schimpansen beigebracht, wie ein solcher Platzhalter funktioniert.[34] Schnell verstanden die Tiere den Mechanismus und fingen an, sich mit Pokerchips genauso zu verhalten wie Menschen mit Geld. Sie begriffen, dass verschiedene Pokerchips verschiedenen Wert besaßen, ein blauer beispielsweise fünf Trauben, ein weißer lediglich eine Traube. Sie arbeiteten freiwillig, um Chips zu erhalten, sparten und versteckten sie und klauten sie sich gegenseitig. Sie fingen an, unbedingt Chips haben zu wollen.

Die genetische Übereinstimmung zwischen Schimpansen und Menschen von mehr als 98,7 % scheint plötzlich gar nicht mehr so abwegig.[35] Auch Menschen streben danach, Geld zu haben. Es ist der Zwischenschritt, um alles Materielle erwerben zu können, das man besitzen möchte. Bis dahin tritt noch kein Problem auf. Man kann mit Geld vieles erwerben, an dem man sich erfreuen kann. Die Motivation, in Wohlstand zu leben, ist keineswegs negativ zu bewerten, im Gegenteil. Beim nächsten Gedankenschritt allerdings kommt es zu einem schwerwiegenden Fehler. Dieser Schritt ist das Paradigma, das sich viele Menschen wie eine getönte Sonnenbrille vor die Augen setzen, eine falsche Schlussfolgerung mit fatalen Konsequenzen. Und wie bei all den anderen Paradigmen wird auch das des Besitzes, ist es erst einmal etabliert, kaum mehr hinterfragt. Der fatale Gedankengang ist folgender: Wenn ich mit Kapitalvermögen so viele Sehnsüchte befriedigen kann – beispielsweise nach Autos, Kleidung, Anerkennung oder Macht –, dann bedeutet das, dass ich damit alle Sehnsüchte befriedigen kann. Und wenn ich das kann, dann wird sich das Gefühl, stets mehr vom Leben zu erwarten, im Rauch einer kubanischen Zigarre verflüchtigen. Die Unzufriedenheit mit mir selbst wird sich legen. Die Leere wird endlich gefüllt. Ich werde keinen Mangel mehr empfinden. Das genau ist das trügerische Denkmuster: eine überhöhte Erwartungshaltung gegenüber materiellem Besitz, denn dem Geld wird nun der erste Rang in unserer Prioritätenliste zugewiesen. Wohlstand oder Geld an sich stellen keine Probleme dar, sie sind per se nicht negativ. Die Verblendung tritt erst ein, wenn sie zum zentralen Ziel werden, das alle anderen in den Schatten stellt. Erst wenn Geld und Besitz auf diese Weise zum zentralen normativen Referenzpunkt werden, mutieren sie zum einschränkenden Paradigma. Das materialistische Credo einer so auf Besitz fokussierten Perspektive lautet: Du bist, was du hast. So einfach ist das. Die Komplexität, die Vielschichtigkeit und Ambiguität dieser Welt sind wie weggewischt, wenn materielles Vermögen zum Daseinsmittelpunkt erhoben wird. Äußerlichkeit ist immer eindeutig. Erfüllung bringt sie nie. Wie könnte sie auch? Eine Person, die sich selbst dazu degradiert, ein leeres Gefäß zu sein, das nur dadurch an Wert gewinnt, dass es mit Besitztümern angefüllt wird, kann niemals in Kontakt mit ihrem wahren Selbst treten. Sie wird kaum entdecken, welche Stärken in ihr liegen oder welche Freude bereichernde Erkenntnisse bringen. Und dennoch hoffen so viele darauf, endlich ihre tiefe Sehnsucht dadurch stillen zu können, dass sie nur eine weitere Gehaltserhöhung, ein größeres Auto oder ein eigenes Haus erlangen. Sie versuchen, die innere Leere mit äußeren Dingen zu füllen – ein hoffnungsloses Unterfangen. Das Leben mit dem Paradigma des Besitzes ist so vor allem eins: rastlos und schal. Trotzdem trifft man dieses Denk- und Verhaltensmuster ständig an. Grund genug, es sich genauer anzusehen.

Während fast alle Menschen die direkte Frage »Macht Geld glücklich?« verneinen, stimmen die meisten einer ganz ähnlichen Frage voll und ganz zu: »Würde ein bisschen mehr Geld Sie ein bisschen glücklicher machen?« – »Ja, das würde es«, so die fast einhellige Antwort.[36] Auch wenn wir dem ersten pauschalen Satz nicht zustimmen, so sind wir doch fest davon überzeugt, dass es eine Verbindung zwischen finanziellem Wohlstand und Zufriedenheit gibt. Aber stimmt das denn? Macht Geld zufriedener? Kommen wir zur Ruhe, wenn wir mehr besitzen? Zu unserem Glück liebt die Wissenschaft diese Frage. Über 150 groß angelegte Erhebungen stellten Sozialforscher allein seit dem Ende des Zweiten Weltkrieges in den USA, Europa und anderen Ländern an, um den Zusammenhang zwischen Geld und Zufriedenheit zu ergründen.[37] Ob Wirtschaftswissenschaftler, Sozialforscher, Psychologen oder Neurowissenschaftler, sie alle wollen ein für alle Mal klären, wie dieser Zusammenhang, der so viele Entscheidungen des Menschen beeinflusst, tatsächlich beschaffen ist. Die schlechte Nachricht ist: Eine eindeutige, einfache und unumstößliche Antwort wurde bisher nicht gefunden. Aber das wäre ja auch langweilig. Die gute Nachricht ist:

Alle Forschungsergebnisse deuten weitgehend in die gleiche Richtung. Und diese Richtung zu kennen ist enorm nützlich, um die Schwerpunkte des Lebens so setzen zu können, dass wir möglichst viel Glück und Zufriedenheit gewinnen.

Die Antwort der Forschung auf die Frage, warum so viele Menschen glauben, Geld mache glücklich, ist einfach: Es macht tatsächlich glücklich. Was allerdings weit weniger bekannt ist: Das gilt nur bis zu einem bestimmten Einkommen. Und diese Grenze liegt weit niedriger, als man meinen würde. In armen Ländern korrelieren Einkommen und Wohlbefinden noch sehr stark.[38] Dies ist unumstritten, denn wenn man um essentielle Bedürfnisse wie eine tägliche Mahlzeit oder ein Dach über dem Kopf bangen muss, kann man sich schwerlich höheren Bedürfnissen widmen. Bereits 1943 entwickelte der US-amerikanische Psychologe Abraham Maslow die Bedürfnispyramide, welche diesen Mechanismus anschaulich erklärt. Demnach müssen immer erst die Bedürfnisse der niedrigsten Stufe verwirklicht werden, bevor die jeweils nächste Stufe in Angriff genommen werden kann. Physiologische Interessen wie Nahrung und Schlaf müssen demnach zuerst erfüllt worden sein, bevor sich auf der nächst höheren Stufe der Wunsch nach Sicherheit ausdrückt. Ist auch dieser befriedigt, gelangen zwischenmenschliche Bedürfnisse wie der Platz in einer sozialen Gruppe in unseren Fokus. Und erst wenn auch diese Bedürfnisse weitgehend befriedigt sind, erwacht eine neue Unruhe im Menschen, und er strebt nach der Erfüllung individueller Bedürfnisse wie Prestige, Erfolg oder Unabhängigkeit. Die letzte Stufe der Selbstverwirklichung schließlich, bei der es darum geht zu werden, was die Anlage einem Menschen ermöglicht, also die volle Ausschöpfung des Potentials, erreicht nach Maslows Einschätzung gerade einmal 2 % der Weltbevölkerung.[39]

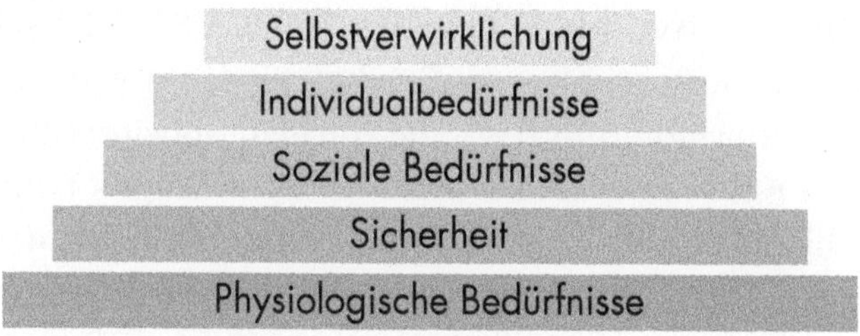

Es ist klar ersichtlich, dass sich die höheren Bedürfnisse des Menschen kaum befriedigen lassen, wenn sämtliche Energie darauf verwendet werden muss, das blanke Überleben zu sichern. Dass also in Ländern, in denen dies traurige Realität ist, das Einkommen positiv mit dem empfundenen Glück korreliert, ist wenig überraschend. Interessanter wird es, wenn wir einen Blick auf die ökonomisch wohlhabenden Nationen werfen. Ist dort der gleiche Effekt zu beobachten? Korreliert das Einkommen auch hier positiv mit dem Wohlbefinden? Die klare Antwort lautet: Jein. Eine Korrelation besteht, allerdings nur bei den niedrigen Einkommensgruppen. Diese sind tatsächlich weniger zufrieden als die Vermögenden, und ihre Glückskurve steigt ebenso wie bei Bewohnern ökonomisch schwacher Länder, wenngleich diese deutlich größere Not leiden, mit zunehmendem Einkommen an. Je mehr Bedürfnisse aber gedeckt sind, desto stärker flacht die Kurve ab, bis schließlich kaum mehr ein Effekt zu erkennen ist. Die Grenze des Einkommens, bis zu der Geld in den westlichen Nationen einen Zugewinn an Zufriedenheit bringt, liegt derzeit bei etwa 75 000 US $ Jahreseinkommen. So zumindest das Ergebnis einer aktuellen Studie der Princeton University, die von dem Nobelpreisträger Daniel Kahneman und seinem Kollegen Angus Deaton durchgeführt wurde.[40] Die Autoren unterscheiden dabei zwischen der Zufriedenheit mit dem eigenen Leben und dem emotionalen Wohlbefinden. Die Zufriedenheit mit dem eigenen Leben, gefasst als das, was eine Person über ihr Leben denkt, steigt demnach mit dem Einkommen. Interessanterweise hat dabei der prozentuale Anstieg auf alle den gleichen Effekt. Das heißt für eine Person, die 20 000 US $ im Jahr verdient und eine Einkommenserhöhung von 10 %, also 2000 US $, bekommt, steigt die Zufriedenheitsleiter genauso weit wie für jemanden, dessen Gehalt ebenfalls um 10 % steigt, der aber jährlich 100 000 US $ und damit 10 000 $ mehr verdient. Der Wert des Geldes ist also relativ und lässt die Bewertung des eigenen Lebens ungeachtet der absoluten Höhe ansteigen. Das emotionale Wohlbefinden aber verbessert sich nur bis zu einem Einkommen von 75 000 US $, danach stagniert es. Wenn

Sie also ein wohlhabender Geschäftsführer sind und vor dem Bürokomplex Ihres Unternehmens stehen, dann ist es gut möglich, dass Sie mit Blick auf Ihr Leben zufrieden sind. Dass Sie deshalb auch das Gefühl inneren Glücks erfahren, bedeutet es nicht. Mit Geld kann man also kein Glück kaufen, aber die eigene Einschätzung, ein zufriedenes Leben zu führen. Geld hat einen Einfluss auf unser Wohlbefinden, aber er ist sehr begrenzt. Die meisten Studien errechnen, dass das Einkommen gerade einmal 2 % Varianz von Glück, Lebenszufriedenheit oder positiver Affektbalance erklären kann, das heißt wie glücklich Menschen sind, hängt zu 98 % von anderen Faktoren ab.[41] Wir überschätzen die Bedeutung des Geldes also in gewaltigem Maße. So sind die 100 reichsten US-Amerikaner nur geringfügig glücklicher als der durchschnittliche Bürger der USA. Und diejenigen, deren Einkommen im Verlauf von 10 Jahren gestiegen ist, sind nicht glücklicher als diejenigen, deren Einkommen stagnierte.[42]

Warum aber sind wir so überzeugt davon, Geld sei der richtige Weg, um das Ziel persönlichen Glücks zu erreichen? Und warum treten wir nie über diese Ziellinie? Wieso will uns unser Besitz einfach nicht glücklich machen? Den Grund dafür erklären die Ökonomen mit der »Theorie des abnehmenden Grenznutzens«, Psychologen nennen es die »hedonistische Tretmühle«. Beide bezeichnen das gleiche Phänomen: Mit der Gewöhnung lässt das Glücksgefühl nach. Die ersten Fahrten im neu gekauften Auto bereiten noch besondere Freude. Nach ein paar Wochen oder Monaten täglicher Routine jedoch ist der Wagen längst zur Normalität geworden. Auch neue Kleidungsstücke vermögen nur kurzzeitig ein Hochgefühl zu erzeugen. Da wir aber vergessen, dass diese positiven Empfindungen nach kurzer Zeit wieder abflauen, gehen wir unbewusst davon aus, dass sich mit jedem neuen Produkt die Qualität unseres Lebens langfristig verbessern würde. Auf diesem Tretmühlenprinzip beruht die Konsumwirtschaft: Es werden stetig neue Bedürfnisse geweckt, die es dann zu befriedigen gilt. Die Konsumenten gewöhnen sich an die jeweiligen Stufen und streben noch stärkere positive Reize an, arbeiten auf den noch größeren Fernseher, das noch leistungsstärkere Auto oder die Kleidung des noch angesagteren Labels hin. Die Identifikation mit dem Besitz führt so, ganz ähnlich der Identifikation mit dem Körper, zu einer nicht enden wollenden Jagd nach Verbesserung. Den eigenen Bliss, einen Zustand des strahlenden Glücks, der einen mit Leichtigkeit, Neugier und Ausgeglichenheit durchs Leben trägt, findet man so nie. Auch die Zukunft verspricht kein Ende, sondern nur eine endlose Reihe unbefriedigter Bedürfnisse. Denn ist das Darlehen einer großen Anschaffung, wie zum Beispiel des Autos oder der Eigentumswohnung, erst einmal beglichen, ist längst der Wunsch nach der nächsten Anschaffung erwacht. Geld und materielle Güter erzeugen kein langfristig höheres Level an Zufriedenheit. Die Sättigung wird immer und immer wieder dadurch konterkariert, dass jeder erfüllte Wunsch neue Ansprüche nach sich zieht. Obwohl in

Wissenschaftskreisen hinlänglich untersucht ist dieser Mechanismus in der breiten Öffentlichkeit weitgehend unbekannt. Eine Vielzahl von Menschen ist in einem endlosen Rennen nach immer höherem Einkommen gefangen, getrieben von der Hoffnung, dass sich Glück und Erfüllung irgendwann schon einstellen werden. Das wird jedoch nie gelingen. Sie mögen heute glauben, Sie wären wirklich zufrieden, wenn Sie erst einmal genug Geld besitzen, um sich ein Motorboot leisten zu können. Doch Sie können versichert sein, dass Sie, wenn Sie sich erst einmal an Ihr Boot gewöhnt haben, bald den Wunsch nach einem größeren Boot hegen. Und schon sind Sie wieder am gleichen Punkt wie zuvor. Der Psychologe David G. Myers fasst es so zusammen: »Dank unserer Fähigkeit, uns an immer größeren Ruhm und immer größeres Vermögen zu gewöhnen, wird der Luxus von gestern zur Notwendigkeit von heute und zur Altlast von morgen.«[43]

Das persönliche Glück einzig in Geld und materiellem Besitz zu suchen ist also zum Scheitern verurteilt. Je stärker Sie sich dabei mit Ihrem Besitz identifizieren, je mehr Bedeutung Sie ihm für Ihr Leben zuschreiben, desto mehr hoffen Sie auf einen Zeitpunkt in der Zukunft, der niemals eintreten wird. Die Wahrnehmungs- und Erfahrungswelt wird durch die Fokussierung auf den Besitz eingeschränkt. Wie bei einem Tunnelblick wird kaum mehr etwas außerhalb dieser Perspektive wahrgenommen. Menschen mit einer so getrübten Sicht sind in den wenigsten Fällen glücklich: Entweder empfinden sie sich selbst als minderwertig, weil sie nicht über das Maß an Gütern verfügen, das sie für nötig erachten, oder sie leben in permanenter Angst vor einem Verlust der angesammelten Güter.

Und als wäre dies nicht schon der Tragik genug, empfinden Menschen, die sich stark mit den materiellen Aspekten ihres Lebens identifizieren, häufig auch noch eine peinigende Leere in sich. In der Welt der Materie existiert kaum Raum für persönliche Entwicklungen und nicht greifbare Leistungen des Individuums. Diese Leere soll mit der Anhäufung weiterer Besitztümer gefüllt werden. Wer das Glück jedoch in der falschen Richtung sucht, dem nützt es nichts, immer schneller und schneller zu rennen – er bleibt doch nur im Hamsterrad gefangen. So kann das Streben nach Geld ab einem bestimmten Maße die Lebensqualität nur noch mindern. Die Sozialpsychologen Richard Ryan, Tim Kasser und Peter Schmuck ermittelten in groß angelegten Umfragen in den USA, Deutschland, Russland und Indien, dass Menschen, denen Geld, Erfolg, Ruhm und Aussehen besonders wichtig sind, mit ihrem Dasein unzufriedener sind als Menschen, die danach streben, gute Beziehungen zu ihren Mitmenschen zu haben, sich für andere einsetzen oder ihre Talente entwickeln.[44] Dabei ist es nicht das Geld selbst, das Unglück erzeugt. Das Streben danach ist ebenfalls nicht negativ. Entscheidend für Glück oder Unglück, Freiheit oder Unterjochung sind die Motive, die dahinterstehen. So konnte eine Gruppe Forscher der Universität Maryland wiederholt nachweisen, dass die Verfolgung materieller Ziele glücklich macht, wenn sie aufgrund »positiver Motive« (z.B. Erhalt der Familie, Sicherheit, wohltätige Zwecke) erfolgt, und unglücklich macht, wenn sie aufgrund »negativer Motive« (z.B. soziale Vergleiche, Überwinden von Selbstzweifeln, Anstreben eines höheren Status) geschieht.[45] Ausschlaggebend ist also nicht, ob Geld erhofft wird oder nicht, ausschlaggebend ist, aus welchen Gründen danach verlangt wird. Erst die falschen Motive und die falsche Bedeutungszuschreibung lassen die Gier nach Geld zu einem Paradigma werden, das die Freiheit des Denkens und Erlebens einschränkt.

Selbst wenn finanzieller Wohlstand erzielt wurde, können die negativen Wirkungen noch die positiven unterminieren. So geht neusten Untersuchungen zufolge nicht selten die Fähigkeit, die »kleinen Dinge des Lebens« wertzuschätzen, durch zu viel Geld verloren.[46] Das bedeutet, dass man zwar durchaus Vergnügen dabei empfindet, ein 5-Sterne-Menü mit Blick auf die Skyline Berlins zu genießen, dafür aber unter Umständen nicht mehr in der Lage ist, sich über ein warmes Stück selbstgebackenen Kuchens zu freuen. Irrtümlicherweise gehen wir aber davon aus, dass alles, was mit Geld zu erleben und zu erwerben wäre, sich einfach zu unserem aktuellen Glück addieren würde. Dieses Trugbild hält uns in unserer Unzufriedenheit fest und lässt uns so lange im Hamsterrad rennen, bis wir entweder erschöpft aufgeben, unser Glück jemals zu finden, oder einen Herzschlag wegen Überlastung erleiden. Dabei haben wir einfach am falschen Ort danach gesucht. Es ist nicht in erster Linie das Äußere, das einen Einfluss darauf hat, was wir denken. Sondern umgekehrt hat das, was wir denken, einen erheblichen Einfluss auf das, was wir wahrnehmen, und somit auch auf unser Verhalten und damit auf das, was uns umgibt. Äußere Gegebenheiten mögen es leichter oder schwerer machen, aber Bliss findet man stets nur in sich selbst.

Das Muster durchbrechen
Wie Sie dem Hamsterrad entkommen

Um das Paradigma des Besitzes zu durchbrechen, müssen Sie sich von dem Trugbild lösen, die Verfügbarkeit über Geld bestimme über das Glück und die Bedeutung von Menschen. Und Sie müssen herausfinden, welche Bedürfnisse sich hinter dem Streben nach Geld verbergen. Trennen Sie gedanklich das Bild, das Sie von sich selbst haben, von den Bildern, die Sie inmitten Ihrer Wertgegenstände zeigen. Sie sind nicht Ihr Auto. Sie sind nicht Ihre Wohnung. Sie sind nicht Ihre Kleidung. Das, was Sie sind, reicht weit über bloße materielle Dinge hinaus. Warum meinen Sie, spielt es in Deutschland eine so große Rolle, welches Auto man fährt? Weil sich so viele Menschen mit ihrem Besitz identifizieren. Das Auto gilt als Symbol des Besitzes. Dabei wird implizit der Wert einer Person an ihr Auto gekoppelt: je teurer das Auto, desto respektabler und wertvoller die Person. Mit Abstand betrachtet wirkt dieses

Muster völlig absurd: Der Wert eines Menschen hängt davon ab, wie viel Geld er für ein blechernes Transportmittel auszugeben bereit ist? Würden Außerirdische das menschliche Verhalten beobachten, sie hätten einen Mordsspaß.

Nach außen zur Schau getragene Besitztümer senden zwar soziale Codes aus – ein Emo-Haarschnitt etwa oder eine Rolex werden getragen, um auf die Zugehörigkeit zu einer bestimmten sozialen Gruppe hinzuweisen – eine Person definieren sie jedoch nicht. Welches Auto Sie fahren, bestimmt nicht über Ihre Person oder das Gelingen Ihres Lebens. Es ist nichts weiter als eines von vielen materiellen Dingen, die in Ihrem Leben für kurze Zeit an Ihnen haften und sich wieder lösen. Das, was Sie selbst sind, bleibt davon unberührt. Je mehr Sie diesen Gedanken verinnerlichen, desto leichter finden Sie zu Ruhe und Ausgeglichenheit. Wenn Sie Ihr Selbst nicht mehr auf äußere Dinge verlagern, lassen auch der Stress und die Unruhe nach, all diese Dinge festhalten zu müssen. Die Getriebenheit, mit welcher der Besitz bestimmter Güter verfolgt wurde, lässt nach, und ausgewählte Gegenstände, die besondere Freude bereiten, können einfach genossen werden, ohne dass sie unentwegt durch Neues ersetzt werden müssen. Sobald der Wunsch aufkommt, etwas besitzen zu wollen, fühlen Sie in sich hinein: Ist es ein ruhiges und entspanntes Gernwollen, von dem Sie sicher sind, dass es Ihnen Freude bringt? Das Sie genauso genießen würden, wenn Sie der einzige Mensch auf Erden wären und durch verlassene Städte wandern würden? Oder gleicht das Gefühl eher einem gierigen Quengeln, das seine Tentakel ausstreckt, um eine Sache nach der nächsten herbeizuschaffen? Seien Sie wählerisch bei dem, was Sie besitzen möchten. Reduzieren Sie den materiellen Ballast, der Sie umgibt, und fügen Sie nur ausgewählte Kostbarkeiten hinzu.

Seien Sie genauso wählerisch bei dem, was Sie an Besitz behalten möchten. Ungenutzter und ungeliebter Besitz ist nichts weiter als Ballast. Mit Ausnahme einiger weniger alter Erinnerungsstücke können Sie alles, was Sie die letzten zwölf Monate nicht benutzt haben, getrost weggeben. Sie werden nichts vermissen und stattdessen erleichtert sein. Behalten Sie nur weniges, dafür Kostbares.

Wenn Sie den Eindruck haben, dass Geld in Ihrem Leben stets einen größeren Stellenwert einnimmt, als Sie es eigentlich möchten, dann ergründen Sie, was sich hinter dem Wunsch nach Geld verbirgt. Was glauben Sie, würden Sie mit Geld haben, über das Sie jetzt nicht verfügen? Mehr Achtung? Mehr Freunde? Mehr Spaß? Mehr Glück? Wenn es das ist, worauf Sie hoffen: Geld allein kann Ihnen nichts von alledem bringen. Wenn dem so wäre, hätten sich die Philosophen jahrtausendelang umsonst den Kopf darüber zerbrochen, was Glück ist und wie man es herstellen kann. Wenn Geld die Lösung wäre, wären all diese Fragen herrlich einfach zu beantworten und die Marschrichtung klar. Das Leben ist aber keineswegs so einfach, dass Geld ausreichen würde, um Glück zu erzeugen. Das Leben ist noch nicht einmal so einfach, dass für alle Menschen der gleiche Weg zum Glück führt. Lösen Sie sich von der Illusion, mehr Geld würde Ihr Leben verändern. In der Psychologie ist schon lange bekannt, dass Menschen äußere Einflüsse, wie eben einen plötzlichen Zugewinn an Geld, in ihrer Wirkung völlig überschätzen. Verglichen mit dem Einfluss, den Ihre Entscheidungen, Ihr Denken und Ihre bewusste Wahrnehmungssteuerung auf Ihr Leben haben, sind äußere Einflüsse geradezu lächerlich wirkungsschwach. Weder Bliss noch ein erfolgreiches Leben lassen sich durch Äußerlichkeit erkaufen, sie lassen sich nur durch Ihren Umgang mit der Welt herstellen. Bereichern Sie es selbst und sammeln Sie die kostbaren Splitter des Glücks, die überall in der schillernden und komplizierten Mannigfaltigkeit des Lebens zu finden sind.

Die Ergebnisse einer empirischen Studie, die von den Psychologen Van Boven und Gilovich durchgeführt wurde, zeigen, wie man das Geld, das man hat, am besten ausgibt, wenn man möglichst glücklich und zufrieden werden will.[47] Die Anweisung ist einfach: Geben Sie Ihr Geld nicht für Gegenstände, sondern für Erfahrungen aus! Allgemein wird genau das Gegenteil für klug erachtet: Wer mit seinem Geld bleibende materielle Güter erwirbt, so die verbreitete Meinung, handelt vernünftig und besonnen. Die dahinterliegende Annahme lautet, dass dieses Verhalten Sicherheit bringt und sich der Verzicht auf »schnell verflogenen Spaß« auf lange Sicht auszahlt, da derartige Güter greifbar, in ihrem Wert klar erfassbar und beständig sind. Die Wissenschaft kann diese Annahme nicht bestätigen. Van Boven und Gilovich konnten in ihrer Studie, die von einer Reihe ähnlicher Untersuchungen gestützt wird, stattdessen nachweisen, dass die Probanden, die mit ihrem Geld Lebenserfahrungen (essen gehen, in den Urlaub fahren) finanzierten, sich als deutlich glücklicher erwiesen als diejenigen Probanden, die ihr Geld in materielle Gegenstände (neue Kleidung, neue Elektrogeräte) investierten. Warum? Dafür gibt es drei Gründe: weil Erfahrungen erstens leichter positiv interpretiert werden können, weil sie zweitens wichtiger für unsere Identität sind und weil sie drittens von größerem sozialem Wert sind. Während Gegenstände, wie wir bereits gesehen haben, nach dem Erwerb schnell an Reiz verlieren, erinnern wir uns noch lange an die schöne Zeit am Strand – den nervenaufreibenden Stau auf dem Weg dorthin haben wir längst vergessen. »Materielle Besitztümer werden einfach Teil des Hintergrundes; Erfahrungen aber werden mit der Zeit immer besser.«[48] Dazu kommt, dass die Erfahrungen, die eine Person sammelt, wichtiger für ihre Identität sind als der materielle Besitz, der außerhalb von ihr selbst liegt. Reiche Erfahrungen führen zu einem reichen Leben und befriedigen das Bedürfnis nach persönlichem Wachstum.[49] Der dritte Grund, warum Erfahrungen Menschen glücklicher machen als Besitz, ist, dass sie einen größeren sozialen Wert besitzen. Nicht nur sind die Erlebnisse selbst meist stärker an soziale Aktivitäten geknüpft (z. B. ein Konzert besuchen), man spricht auch häufiger über sie: Geschichten über eigene Erfahrungen lassen den Erzähler nämlich in viel besserem Licht erscheinen als Geschichten über erworbene Besitztümer.[50] Wenn Sie also Geld ausgeben, kaufen Sie Erfahrungen, keine Dinge. Gehen Sie zum Essen, besuchen Sie ein Theaterstück oder unternehmen Sie eine Reise. Lernen Sie Capoeira oder Tennisspielen, stürzen Sie sich mit einem Fallschirm aus einem Flugzeug oder rasen Sie in einem Geländewagen durch die Wüste. Was auch immer Sie tun, nutzen Sie das Geld, das Sie verdienen, für lebendige Erfahrungen und folgen Sie dem Grundsatz: »More fun, less stuff!«[51]

Paradigma der Zeit
Warum unser Zeitverständnis bestimmt, wie viel Zeit wir haben

»Die Ewigkeit ist verliebt in die Schöpfung der Zeit.«
William Blake

Sich gehetzt zu fühlen ist uns nur allzu vertraut. Wir hechten von einer Erledigung zur nächsten und hoffen auf einen Zeitpunkt, an dem wir endlich alles geschafft haben und entspannt zur Ruhe kommen. Leider scheint dieser Punkt nicht still zu warten, bis wir ihn erreichen, sondern wie ein garstiger Grashüpfer vor uns her zu springen. Immer wenn wir ihn beinahe erreicht haben, macht er einen weiteren Satz nach vorn, und diese oder jene neue Aufgabe muss noch erledigt werden, bevor wir uns endlich entspannt zurücklehnen können. Die Folge ist, dass wir uns im Alltag permanent gestresst fühlen und scheinbar zu wenig Zeit zur Verfügung haben. Wenn wir uns umsehen, müssen wir feststellen, dass es unseren Mitmenschen kaum besser ergeht. Zu viel Stress und zu wenig Zeit sind Symptome einer Epidemie, die große Teile der Bevölkerung ergriffen hat. Mehr als 80 % der Deutschen klagen über Stress, bei jedem Dritten ist die Anspannung schon zum Dauerzustand geworden.[52] Und obwohl wir unter diesen Symptomen leiden, arbeiten wir aktiv an ihrer Stärkung. Dieses Paradox erklärt sich durch ein eigentümliches Leistungsverständnis, das in unserer Kultur vorherrscht: Zu wenig Zeit zur Verfügung zu haben impliziert, eine aktive und leistungsstarke Person zu sein. Viele Menschen klagen nicht über zu wenig Zeit, weil sie ein genuines Mitteilungsbedürfnis verspüren oder weil sie hoffen, Lösungswege aufgezeigt zu bekommen, sondern sie klagen als versteckte Form des *fishing for compliments.* Indem sie jammern, zu wenig Zeit und zu viel Stress zu haben, teilen sie ihrem Gegenüber mit, wie wichtig sie sind. Bei Betrachtung dieses Spiels – und man entdeckt es häufiger, wenn man erst einmal darauf aufmerksam wurde – entwickelt der reflektierende Beobachter bald einen Widerwillen dagegen, in dieses Spiel mit einzusteigen.

Aber auch losgelöst von dieser Form des zum Ausdruck gebrachten Zeitdrucks existiert ein real erlebter Zeitmangel, der die Lebensqualität mindert. Wir haben das Gefühl, uns permanent anstrengen und abhetzen zu müssen und keine Zeit für diejenigen Dinge im Leben zu haben, die uns wirklich wichtig sind. Erstaunlicherweise können wir aber hin und wieder Menschen beobachten, denen es ganz anders ergeht: Menschen, die sich trotz eines gewaltigen Arbeitspensums und einer Vielzahl von Verpflichtungen eine innere Gelassenheit bewahren und mit erhabener Ruhe ihren Aufgaben nachgehen. Zu allem Überfluss scheinen diese Menschen auch noch mehr in kürzerer Zeit erledigen zu können als diejenigen, die entnervt von A nach B hetzen. Es scheint auch nicht, dass diese Menschen einfach ein besseres Zeitmanagement praktizieren, indem sie etwa ihre Aufgaben allmorgendlich in verschiedenen Prioritätslisten kategorisieren. Vielmehr hat man den Eindruck, als könnten sie sich einen Kern souveräner Gelassenheit bewahren, der von den tobenden Wellen um sie herum stets unerschüttert bleibt und sie ihren Fokus und Scharfsinn behalten lässt. Wie aber ist das möglich? Warum gelingt es einigen wenigen, souverän mit Zeit umzugehen, während so viele andere darunter leiden, immerzu von der Zeit getrieben zu sein? Die Antwort liegt im unterschiedlichen Zeitverständnis. Lasse ich mich unentwegt von der Zeit antreiben, mir von ihr den Blick einschränken und die Möglichkeiten rauben? Oder begreife ich meine Macht über das Tempo des Lebens, erkenne die Lebendigkeit des Augenblicks und die unerschöpfliche Kraft, die ich aus dem Jetzt ziehen kann? Sie selbst können darüber bestimmen. Denn die äußeren Umstände spielen für unseren Zeitdruck eine weitaus geringere Rolle, als wir ihnen gemeinhin zusprechen. Die Entscheidung über das Tempo des Lebens liegt stets in der eigenen Hand. Wird die Illusion der Macht der äußeren Gegebenheiten erst einmal zerstört und die Wahrnehmung darauf geschult, im gegenwärtigen Augenblick zu weilen, verändert sich die Zeit. Innere Ruhe und die Kraft des Augenblicks treten an die Stelle von Hektik und Getriebenheit. Schon der römische Philosoph Seneca formulierte: »Es ist nicht zu wenig Zeit, die wir haben, sondern es ist zu viel Zeit, die wir nicht nutzen.« Nicht die Zeit selbst, sondern unser Umgang mit ihr bestimmt darüber, ob wir den beklemmenden Druck der Zeitnot verspüren und außer Atem geraten.

Um uns dem Phänomen Zeit zu nähern, beleuchten wir in einem ersten Schritt das gegenwärtige Zeitverständnis unserer Kultur. Darauf aufbauend wenden wir uns der subjektiv erlebten Zeit zu. Es wird sich zeigen, soviel sei vorweggenommen, dass beide Ausprägungen der Zeit keinesfalls so absolut und unbeweglich sind, wie es den Anschein haben mag. Zur klaren Trennung beider Zeitformen wird auf die griechische Mythologie zurückgegriffen, die eine in Vergessenheit geratene Unterscheidung in Chronos und Kairos kennt. Chronos bezeichnet, was wir in unserem tagtäglichen Sprachgebrauch unter Zeit verstehen: die lineare Zeit, die unermüdlich eine lange Gerade voranschreitet. Der Begriff chronologisch leitet sich von ihr ab. Der Gegenspieler von Chronos ist Kairos: der richtige Augenblick, der Moment der günstigen Gelegenheit.

Chronos: lineare Zeit

»Jetzt sind die guten alten Zeiten,
nach denen wir uns in zehn Jahren zurücksehnen.«
Peter Ustinov

Das Ziffernblatt der Uhr gibt das Raster vor, in das wir unser Leben einfügen. Wir orientieren uns an einzelnen Zeitabschnitten und füllen sie wie Schubladen mit all unseren Erledigungen. Diese Ausrichtung des Lebens an kurze gleichmäßige Intervalle ist eine in der Menschheitsgeschichte vergleichsweise junge Entwicklung: Erst zu Beginn des 13. Jahrhunderts wurde die mechanische Uhr erfunden und damit die Zeit in identische Etappen geteilt. Bis dahin erlebten die Menschen Zeit als einen Strom. Sie floss mit den Zyklen der Natur, den Jahreszeiten, den Gestirnen, mit den Schatten der Sonnen- und den Tropfen der Wasseruhren. Die Revolution der genauen Zeitmessung trat erst ein, als die mechanische Uhr entwickelt wurde: Stunden und Minuten waren fortan stets gleich lang. Dennoch dauerte es noch zwei weitere Jahrhunderte, bis kleine Tisch- und Standuhren auch für den privaten Hausgebrauch hergestellt wurden. Und obwohl der Besitz einer Uhr im 15. Jahrhundert noch als großer Luxus galt, begannen die Uhren mit Zugfedern bereits zu dieser Zeit, das Leben der Menschen zu bestimmen. Der emeritierte Harvardprofessor David S. Landes charakterisierte die Entwicklung trefflich: »Ob zum Guten oder zum Schlechten: Die mechanische Uhr schuf die Voraussetzung für eine Zivilisation, die ihr Augenmerk auf das Verstreichen der Zeit richtet – und somit auf Produktivität und Leistung.«[53]

Lange blieb die mechanische Uhr der präziseste Zeitmesser, der je von Menschenhand geschaffen wurde. Dann aber, vor ca. 50 Jahren, begann der Wettlauf um die Präzision erneut, und ein Strudel der Beschleunigung setzte sich in Gang. So wurden in den letzten paar Jahrzehnten mehr Fortschritte bei der Verkürzung der abgesteckten Zeitintervalle erzielt als in allen Jahrhunderten zuvor. Die kleinsten Messeinheiten stellen heute sogenannte Attosekunden dar. Eine Attosekunde entspricht einer Milliardstel Milliardstelsekunde oder in Zahlen: 0,000 000 000 000 000 001 Sekunden. Zum Vergleich: Ein Wimpernschlag dauert eine ganze Zehntelsekunde – eine halbe Ewigkeit. Übertroffen werden Attosekunden nur noch von der Zeitdauer, die in der Wissenschaft als die kürzestmögliche gilt: die Planck-Zeit. Sie entspricht rund fünfmal 10^{-44} Sekunden, also etwa 0,000 000 000 000 000 000 000 000 000 000 000 000 000 000 05391 Sekunden.

Mit dem Wandel der Zeitmessung kam der Wandel der Gesellschaftskultur. Zeit wurde in unseren Breitengraden zu einer Ressource, einem immateriellen Gut. Schon vor 200 Jahren prägte der US-amerikanische Staatsmann Benjamin Franklin den Ausdruck »Zeit ist Geld«, der noch heute eine zentrale Leitlinie unserer Gesellschafts- und Wirtschaftsordnung beschreibt.

Im Informationszeitalter avancierte Schnelligkeit zu einem zentralen Wettbewerbsvorteil und setzte eine bis heute andauernde Spirale der Beschleunigung in Gang. Ein gutes Beispiel hierfür liefert der Journalist James Gleick.[54] Er berichtet, dass es in den USA bis in die 80er-Jahre hinein niemand für erforderlich hielt, dass Geschäftspost bereits am nächsten Tag ihren Empfänger erreichte. Es war akzeptierte Normalität, dass Postsendungen einige Tage unterwegs waren, bis sie an ihrem Bestimmungsort eintrafen. Dann aber begann das Kurier- und Logistikunternehmen FedEx die Leistung anzubieten, Ware bis zum nächsten Tag zuzustellen. Sofort nutzten Firmen die Möglichkeit, ihren Kunden zuzusichern, sie würden die Ware bereits am nächsten Tag erhalten, wenn sie bei ihnen bestellen würden. Die Wettbewerber zogen nach, und schon bald war die Zustellung über Nacht zum Standard geworden, »und nur der universell schnellere Zeittakt blieb zurück«.

Das in unserem Kulturkreis vorherrschende Verständnis davon, was Zeit ist, beruht im Wesentlichen auf den Ausführungen Sir Isaac Newtons, wie er sie in seinem 1687 erschienenen Hauptwerk *Principia Mathematica* dargelegt hat.[55] Dort postuliert er, die »absolute, wahre und mathematische Zeit verfließt an sich und vermöge ihrer Natur gleichförmig und ohne Beziehung auf irgendeinen äußeren Gegenstand«.[56] Er versteht Zeit also als etwas, das unabhängig von allem anderen abläuft. In einer bildlichen Analogie entspräche dies einer gigantischen Uhr, die einen

Takt schlägt, der im ganzen Kosmos zu hören ist. Unsere weltlichen Uhren sind demnach nichts weiter als deren kleine fehlbare Kopien. Newtons Auffassung prägt unser Zeitverständnis bis heute.

Zu Beginn des 20. Jahrhunderts sollte ein anderer Physiker bei der Frage danach, was Zeit eigentlich ist, zu einem völlig anderen Ergebnis gelangen. Die Rede ist von Albert Einstein. In seiner Relativitätstheorie legt er dar, dass Zeit keineswegs absolut ist, sondern stattdessen formbar wie ein Kaugummi. Er zeigt, dass die Phänomene Raum und Zeit gänzlich anders sind, als sie uns zunächst erscheinen. Damit erregte er ungeheures Aufsehen. Einstein erlangte schon zu Lebzeiten große Prominenz, und die Menschen der 20er-Jahre ereiferten sich geradezu darin, über seine Relativitätstheorie zu diskutieren – auch wenn sie kaum jemand wirklich verstand. In ihrer Komplexität ist die Relativitätstheorie für Nichtphysiker in der Tat schwer zu begreifen. Vor allem weil dabei die Anschauung, also das Beobachten, als Mittel des Erkenntnisgewinns gänzlich versagt. So aber erfahren wir die Welt: Wir beobachten etwas und ziehen daraus Schlüsse, wie es funktioniert. Bei Zeit und Raum allerdings funktioniert dieses Verfahren nicht. Wenn wir uns im nächsten Kapitel mit dem Paradigma der Erkenntnismatrix beschäftigen, werden wir sehen, dass schon Kant in seinem Hauptwerk *Kritik der reinen Vernunft* Raum und Zeit als Vorbedingungen der Erkenntnis entlarvte. Raum und Zeit sind demnach nicht einfach Bestandteile der objektiven Welt, sondern das Raster, die Brille, durch die wir die Welt sehen. Aus diesem Grund ist es uns so schwer möglich, eine Welt ohne Raum und Zeit auch nur zu denken. Die Brille sitzt zu fest auf unserer Nase. Diese Überlegung entfaltete in der Philosophie eine ähnlich epochale Wirkung wie der Gedankengang Einsteins in der Physik. Beiden Geniestreichen ist außerdem gemein, dass ein Großteil der Menschen sie nicht versteht – auch wenn dies wenige zugeben. Doch ist es symptomatisch dafür, wie schwer wir uns tun, Dinge anders zu begreifen, als sie für uns den Anschein haben.

Zurück zu Einstein: Er widerlegt Newtons Annahme einer absoluten Zeit und stellt fest, dass Geschwindigkeit und Gravitation den Zeitverlauf beeinflussen. Zwei Beobachter, die sich an verschiedenen Orten im Raum befinden, können demnach unterschiedliche Zeitwerte haben. Anschaulich wird dies am berühmten Beispiel des Zwillingsparadoxons: Demnach fliegt einer von beiden Zwillingen in einem Raumschiff, das sich beinahe mit Lichtgeschwindigkeit bewegt, zu einem entlegenen Planeten und kehrt mit gleicher Geschwindigkeit zur Erde zurück. Wieder auf der Erde stellt sich heraus, dass der gereiste Zwilling viel jünger ist als sein auf der Erde verbliebener Bruder. Die Bewegung durch den Raum hat den Zwilling langsamer altern lassen. Dieser Teil der Relativitätstheorie wurde Anfang der 1930er-Jahre experimentell bestätigt. Was das für unser Verständnis von Raum und Zeit bedeutet, hat Einstein selbst am besten beschrieben: »Früher hat man geglaubt, wenn alle Dinge aus der Welt verschwinden, so bleiben noch Raum und Zeit übrig. Nach der Relativitätstheorie verschwinden aber Raum und Zeit mit den Dingen.«

Unser Eindruck von der Zeit entspricht also keineswegs den Erkenntnissen der Naturwissenschaft. »Vergangenheit, Gegenwart und Zukunft sind nur Illusionen, wenn auch hartnäckige«, schrieb Albert Einstein.[57] Dessen ungeachtet betrachtet der Mensch sich selbst als Maßstab für die Zeit. Er geht davon aus, dass diejenigen Zeitspannen, die sein spezifischer Organismus benötigt, um Sinneserfahrungen wahrzunehmen, auch die äußere Welt konstruieren. Die Welt ist, wie ich sie sehe. Wagt man es aber, diese oberflächliche Ebene zu verlassen, tiefer zu forschen und weiter zu denken, so entdeckt man, dass die Wirklichkeit sich keineswegs auf unsere Wahrnehmung beschränkt, sondern weit darüber hinausgeht. Wir sehen eben nur einen kleinen Ausschnitt davon.

Die Relativität der Wirklichkeitserfahrung in Abhängigkeit dessen, was ein Organismus als Moment wahrnimmt, wurde bereits sehr früh von dem deutsch-baltischen Naturforscher Karl Ernst von Baer beschrieben. 1860 erläuterte er in seiner Eröffnungsrede der Russischen Entomologischen Gesellschaft diesen Zusammenhang anschaulich. Baer konstatierte, dass jene Zeiteinheit, die ein Mensch benötigt, bis ihm ein Sinneseindruck bewusst wird – also beispielsweise der Piks einer Nadel auf der Haut oder die Repräsentation eines Bildes auf der Netzhaut –, seine Maßeinheit für Zeit bildet und das bei allen Völkern gleichermaßen. »Sehr oft ist in der Benennung des kleinsten Zeitmaßes auch noch der Ursprung desselben kenntlich, am auffallendsten im deutschen Worte ›Augenblick‹, die Zeit für den Blick mit dem Auge.«[58] Ein solcher Augenblick dauert eine Sechstel- bis Zehntelsekunde. In jeder vollen Sekunde können wir also zwischen sechs und zehn bewusste Eindrücke verarbeiten. Dieses Vermögen bestimmt den Takt unseres Lebens. Von diesem Ausgangspunkt aus startet Baer eine Reihe von Gedankenexperimenten darüber, wie sich unsere Welt verändern würde, wenn dieser Takt nach vorn oder nach hinten verschoben würde.

Was würde passieren, wenn die menschliche Lebenszeit kürzer und das Leben damit schneller verlaufen würde? Ein recht hohes Alter sind gegenwärtig 80 Jahre, was 29 200 Tagen entspricht. Reduzierte man nun diese Lebenszeit auf ein Tausendstel, blieben 29 Tage übrig. Ein Mensch hätte also die maximale Lebensspanne von einem Monat. Wie würde die Welt eines solchen Monats-Menschen aussehen? Wenn wir weiter davon ausgehen, dass der Mensch zwischen sechs und zehn sinnliche Wahrnehmungen während der Dauer eines Pulsschlags aufnehmen kann, sein Puls aber tausendmal so schnell schlägt, so würde dies fundamentale Wahrnehmungsveränderungen nach sich ziehen: Ein solcher Mensch könnte dem Flugverlauf einer Gewehrkugel mühelos folgen. Er könnte dabei zusehen, wie sich der Flügel eines Insektes langsam auf und ab bewegt. Er könnte wahrnehmen, was uns aufgrund der Geschwindigkeit verborgen bleibt. Fällt ein Tropfen auf eine Wasseroberfläche, könnte er betrachten, wie sich ganz langsam ein Krater an der Stelle des Einschlags bildet, wie das Wasser in die verschiedenen Richtungen schwingt, welche Muster es bildet. Auf der anderen Seite bliebe ihm einiges dessen verborgen, was für uns selbstverständlich ist, beispielsweise der Wechsel der Jahreszeiten. Ein Mensch, dessen maximale Lebensspanne einen Monat beträgt, weiß nichts von Frühling, Sommer, Herbst und Winter. Er kennt nichts als die Jahreszeit, in der er geboren wurde. Er würde mit Staunen den Geschichten seiner Vorfahren lauschen, die davon berichten, dass es Zeiten gegeben haben soll, in denen die ganze Erde mit einer weißen Substanz bedeckt gewesen sein soll, in denen das Wasser fest und die Bäume blätterlos gewesen sein sollen. Erst nach langer Zeit und vielen Generationen später sei die eisige Kälte wieder der Wärme gewichen. Vielleicht würde ein Monats-Mensch sogar Zweifel an den Überlieferungen seiner Vorfahren hegen, so unvorstellbar würde es ihm scheinen.

Karl Ernst von Baer spinnt den Faden noch weiter und legt dar, was passieren würde, wenn wir die Lebenszeit des Menschen noch weiter verkürzen und auf ein Tausendstel seiner jetzigen Dauer reduzieren würden. Wie würde ein Mensch, dessen maximale Lebensspanne gerade einmal 42 Minuten beträgt, die Welt sehen? Die Natur wäre für einen solchen Minuten-Menschen unvergänglich. Sie sähe beinahe immer gleich aus. Das Hervorbrechen einer Blume aus einer Knospe (ca. 20 Minuten) würde sein halbes Leben andauern. Vögel würden fast bewegungslos in der

Luft stehen. Ein Minuten-Mensch wüsste nicht, dass es einen Wechsel zwischen Tag und Nacht gibt.

> »Vielmehr würde ein Philosoph unter diesen Minuten-Menschen, wenn er im Juni um 6 Uhr abends geboren wäre, gegen Ende seines Lebens, vielleicht so zu seinen Enkeln sprechen: ›Als ich geboren wurde, stand das glänzende Gestirn, von dem alle Wärme zu kommen scheint, höher am Himmel als jetzt. Seitdem ist es viel weiter nach Westen gerückt, aber auch immerfort viel tiefer gesunken. Zugleich ist die Luft kälter geworden. Es lässt sich voraussehen, dass es bald, nach ein oder zwei Generationen etwa, ganz verschwunden sein wird und dass dann erstarrende Kälte sich verbreiten muss. Das wird wohl das Ende der Welt sein oder wenigstens des Menschengeschlechts.‹«[59]

Das Gedankenexperiment lässt sich ebenso in die andere Richtung umdrehen: Was passiert, wenn wir das menschliche Leben nicht verkürzen, sondern strecken? Wenn unsere Zeit nicht schneller, sondern langsamer verginge? Nehmen wir an, die Lebensdauer eines Menschen wird mit dem Faktor Tausend multipliziert, beträgt also nicht mehr nur 80, sondern stattdessen 80 000 Jahre. Für einen solchen 80 000-Jahre-Menschen würde ein einzelnes Jahr so schnell vergehen wie für uns 8 ¾ Stunden. In vier Stunden seiner Zeit könnte er den kompletten Wechsel von Winter zu Sommer verfolgen, das Schmelzen von Schnee, das Hervortreiben von Gras und Blumen, das Belauben der Blätter und das Wachsen von Früchten. Das Wachstum eines Pilzes hingegen kann ein solcher

80 000-Jahre-Mensch nicht sehen: Ein Pilz taucht plötzlich auf und verschwindet fast ebenso schnell wieder. Auch die meisten Tiere wären für einen solchen Menschen so vergänglich, dass er sie zwischen Geburt und Tod nur einen kurzen Moment auftauchen und gleich wieder verschwinden sieht. Lediglich große Bäume zeigten ihm den Verlauf von Veränderungen. Die Sonne wäre nicht als Ball zu erkennen, sondern als ein feuriger Schweif, der über den Himmel fliegt.

Das Ganze lässt sich abermals steigern: Würde das Menschenleben ein weiteres Mal um den Faktor 1000 Jahre verlangsamt, würde der Mensch nur alle zwei Tage einen einzigen Sinneseindruck erhalten. Der Wechsel zwischen Tag und Nacht wäre nicht mehr zu erkennen. Die Sonne wäre nicht mehr nur ein leuchtender Schweif, der vorbeirast, sondern ein einziger Bogen am Himmel, ähnlich einem glühenden Stück Kohle, das geschwungen als glühender Kreis erscheint. Der Übergang von Sommer zu Winter und umgekehrt würde gerade einmal zehn Sekunden betragen. »Es schiene also alles in der Natur für uns verändert, nur weil wir selbst verändert wären.«[60] Indem wir durch unsere Augen auf die Welt sehen, machen wir sie erst zu der Welt, die wir kennen.

Kairos: punktuelle Zeit

»Der Glaube an eine größere und bessere Zukunft ist einer der mächtigsten Feinde gegenwärtiger Freiheit.«
Aldous Huxley

Kairos bezeichnet den günstigen Zeitpunkt, den Moment der richtigen Gelegenheit. Der damit verbundene gegenwärtige Augenblick stellt einen zentralen Orientierungspunkt der Lehre des Buddhismus dar. Selten aber sind wir mit unserem Geist wirklich im Hier und Jetzt und spüren die Lebendigkeit der Gegenwart. Meist hängen unsere Gedanken in der Vergangenheit oder eilen bereits in die Zukunft voraus.

Wenn unser Geist sich vom Vergangenen nicht lösen kann, sind wir gezwungen, die immer gleichen Erinnerungsschleifen zu durchlaufen. Unsere Aufmerksamkeit ist rückwärtsgewandt, und indem wir nach hinten sehen, verpassen wir, was direkt vor uns liegt. Dabei entgehen uns nicht nur die Schönheit des Augenblicks und die Kraft, die wir aus ihr ziehen könnten, sondern wir werden vor allem ohnmächtig. Die Gegenwart, in der all unsere Macht liegt, sehen wir nicht. So sind wir gezwungen, blind vorwärtszustolpern, des Gefühls der Freiheit, über das eigene Leben bestimmen zu können, weitgehend beraubt.

Ist der Geist ständig auf die Zukunft gerichtet, ergeht es uns kaum besser. Wenn ich erst dieses Projekt hinter mich gebracht habe, erst dieses Gewicht verloren, erst diesen Aufgabenstapel abgetragen habe, dann werde ich durchatmen können. Das Leben verkommt zu einem unablässigen Hoffen auf eine Zukunft, und die Gegenwart verstreicht ungesehen.

Ist unser Denken permanent auf das gerichtet, was vor uns liegt, leben wir in einer Zukunft, die doch niemals eintritt. Denn die Zukunft unserer Vorstellung wird es nie geben. Es gibt immer nur das Jetzt. Das Jetzt bewegt sich weiter, aber es ist immer das Jetzt. Die Zukunft unserer Vorstellung tritt niemals ein. Wir erliegen der Illusion, das Jetzt sei nichts weiter als eine bloße Momentaufnahme, ein Zwischenschritt, der zwischen Vergangenheit und Zukunft liegt. In Wirklichkeit aber ist das Jetzt alles. Zu jedem einzelnen Zeitpunkt des Lebens leben wir im Jetzt. Unser Denken jedoch hat dies verlernt. Unter der Vorherrschaft des Ego – das, wie wir gesehen haben, gute Gründe dafür hat, unablässig zwischen Vergangenheit und Zukunft hin und her zu springen – haben wir vergessen, dass sich Erfüllung nur über die Achtsamkeit im gegenwärtigen Moment erreichen lässt. Und so erleben wir nur noch wenige Momente, in denen wir ganz auf das konzentriert sind, was gerade ist. In Momenten großer Konzentration oder tiefer Versunkenheit in eine Beschäftigung empfinden wir noch das Glück, das sich mit dem Sein im Hier und Jetzt einstellt, und die ungeheure Produktivität, die daraus entspringt. Im absoluten Jetzt umfasst der Augenblick alles. Er umhüllt Vergangenheit und Zukunft und fasst das Leben als eins zusammen. Zeit verliert ihre Macht. Sie »steht still«.

Das Muster durchbrechen
Wie Sie Ihr Bewusstsein schärfen und im Jetzt ankommen

Das zentrale Werkzeug zum Durchbrechen des Zeitparadigmas ist die Achtsamkeit. Wir können sie auf drei unterschiedliche Arten nutzen. Jede einzelne bringt einen Gewinn, ihre Kombination jedoch entfaltet eine enorme Wirkung. Wir werden wacher, klarer und aufmerksamer. Möglichkeiten eröffnen sich, wo früher kein Weg war. Wir verfügen über mehr Energie und realisieren kraftvoll und gelassen Ziele, die uns bisher unmöglich schienen. Die Intensität unserer Wirklichkeitserfahrung steigt, wir fühlen uns lebendiger und klarer als jemals zuvor. Während wir bisher nur am Ufer saßen und uns damit zufriedengaben, das Wasser fließen zu sehen, springen wir jetzt in den Fluss.

Widmen Sie sich zunächst der Identifizierung Ihres individuellen, optimalen Lebenstempos. Gerade diejenigen, deren Alltag in einem schnellen Zeittakt verläuft, die unentwegt von einer Aufgabe zur nächsten sprinten, erliegen leicht der Illusion, ein völliges Fehlen des Zeitdrucks würde ihnen Ruhe und Zufriedenheit bringen. So ist es aber nicht. »Im Wettlauf mit der Uhr zu arbeiten bedeutet nicht notwendigerweise Stress, und das Fehlen jeglichen Zeitdrucks ist nicht automatisch entspannend. Zeitdruck kann Energien freisetzen und vitalisierend wirken, wenn er nur richtig dosiert ist.«[61] Versuche der Sozialpsychologen Jonathan Freedman und Donald Edwards bestätigen, dass Zeitdruck und Wohlbefinden in Beziehung zueinander gesetzt das Bild eines Hügels ergeben.[62] Bei einem Mittelmaß an Zeitdruck befinden sich Menschen auf der Spitze des Hügels, das heißt, sie erleben das größte Wohlbefinden. Steigt oder sinkt der Zeitdruck über oder unter das Mittelmaß, so sinkt auch das Wohlbefinden.

Durch Selbstbeobachtung können Sie entdecken, bis zu welchem Level an Zeitdruck Sie Eustress (positiven Stress) und wann Sie Distress (negativen Stress) erleben. Während Ersterer im emotionalen Bewertungszentrum des Gehirns, in dem limbischen System, diejenigen Areale anregt, die positive und angenehme Gefühle erzeugen, regt Letzterer Bereiche an, die negative und unangenehme Gefühle erzeugen. Folglich gilt es, ein Maß an Zeitdruck anzustreben, das den größtmöglichen Eustress, aber noch keinen Distress erzeugt.

Der Übergang zwischen produktiver Aktivität und verausgabender Überlastung ist häufig nur ein schmaler Grat, aber er ist identifizierbar. Nicht selten geht das Übertreten dieses Grats mit Nebeneffekten einher, die gut zu beobachten sind, etwa mit einer plötzlich auftretenden Gereiztheit, dem Bedürfnis, schnell eine Zigarette zu rauchen oder dergleichen. Sobald Sie herausgefunden haben, wann Sie Ihr ideales Mittelmaß an Druck überschritten haben, können Sie damit beginnen, Gegenstrategien zu entwickeln. Am leichtesten entrinnen Sie der Zeitdruckfalle, wenn es Ihnen gelingt, Reaktionsmuster zu trainieren, die Sie bei jeder Überschreitung der Hügelkuppe erfolgreich anwenden können. Nach kurzer Zeit wird Ihr Organismus diese Strategie so verinnerlicht haben, dass schon der bloße Ansatz Ihrer Gegenreaktion ausreicht, um Ihre innere Uhr zu verlangsamen, die innere Unruhe lässt nach, und Sie können in ein produktiveres Stadium zurückgelangen. Ein solches Muster kann zum Beispiel sein, sich ein bestimmtes Bild ins Gedächtnis zu rufen und es für ein paar Minuten gedanklich mit Details zu füllen. Stellen Sie sich etwa einen tiefblauen See in den Wäldern Kanadas vor. Ein kühler Wind kräuselt die Wasseroberfläche und streift durch die rauschenden Blätter der majestätischen Bäume. Eine Libelle schwirrt über den dunkelblauen Spiegel des Sees, der still daliegt. Die hellen Strahlen der Morgensonne brechen durch die Baumkronen und malen glitzernde Punkte auf das Wasser. Selbst im Falle eines aufkommenden Sturms bilden sich lediglich ein paar Wellen an seiner Oberfläche. In seiner Tiefe bleibt das Wasser ruhig und unbeeindruckt. Ein anderes starkes Bild, das sich gut eignet, ist das Weltall: Zoomen Sie Ihren Blick aus Ihrem Körper, Ihrem Haus, Ihrem Land hinaus, sehen Sie die Erde von oben, wie sie um die Sonne kreist. Verfolgen Sie die ruhigen Bewegungen der Planeten, die unerschütterlich von allem, was Ihnen gerade so wichtig vorkommt, ihre Bahnen ziehen. Schon der Dichter Ovid berichtet von dieser hilfreichen Imagination:

> »Freude macht es, die hohe Sternenbahn zu durchmessen, Freude, die Erde und ihren trägen Sitz zu verlassen, auf der Wolke zu reiten, sich auf die Schultern des starken Atlas zu stellen, von fern auf die allenthalben umherirrenden vernunftlosen Menschen herunterzuschauen, die Ängstlichen, die den Tod fürchten ...«[63]

Welche Imaginationen Sie abrufen oder welche andere Strategie Sie finden, spielt keine Rolle. Wichtig ist, dass Sie ein Reaktionsmuster identifizieren, das es Ihnen erlaubt, das Tempo Ihres Lebens selbst zu bestimmen. Wenn Sie den perfekten inneren Takt gefunden und gelernt haben, ihn über weite Strecken aufrechtzuerhalten, werden Sie ganz von selbst produktiver. Sie werden Gelassenheit ausstrahlen und mehr Dinge in kürzerer Zeit erledigen können.

Die zweite Stufe zum Durchbrechen des Zeitparadigmas besteht im Praktizieren zeitlich begrenzter Momente der Achtsamkeit. Bekannt als Meditation zielt das aktive Nichtstun auf eine völlige Konzentration des Geistes auf den gegenwärtigen Moment ab. Für einen bestimmten Zeitraum, zum Beispiel 15 Minuten täglich, fokussiert man sich auf nichts anderes als das Erleben des Jetzt. Was sich im ersten Moment leicht anhören mag, ist in Wirklichkeit eine enorme Herausforderung, und jeder Anfänger ist froh, wenigstens ein paar Minuten dieser Übung zu meistern. Wurde es vor Kurzem noch müde belächelt, wenn eine Person in aufrechter Haltung und mit geschlossenen Augen im Schneidersitz auf dem Boden saß, so ist Meditation heute in der breiten Öffentlichkeit angekommen. Einen erheblichen Anteil daran hat die medizinische Forschung, die mit immer neuen wissenschaftlichen Untersuchungen die positive Wirkung der Achtsamkeitsmeditation auf die Gesundheit belegt. So ist mittlerweile umfassend bewiesen, dass Meditation das Immunsystem stärkt, die Heilung physischer Beschwerden beschleunigt, chronische Schmerzen und Stress mindert und die Lebensqualität vieler Patienten verbessert.[64] Sogar die Gehirnaktivität ändert sich bei regelmäßiger Meditation. Wissenschaftler konnten nachweisen, dass die Beta- und Gammawellen, Aktionsströme der in der Großhirnrinde angesiedelten Nervenzellen, während der Meditation stärker ausgeprägt sind als im normalen Wachzustand. Auch im Alltagsleben sind meditierende Menschen in der Lage, sich besser auf Aufgaben zu konzentrieren und Störelemente effektiver auszublenden.[65] »Die Meditationserfahrenen haben offenbar einen neuen Normalzustand entwickelt, in dem es mehr gegenwartsbezogene Aufmerksamkeit und weniger selbstbezogene, abschweifende Gedanken gibt«, so ein Forscher der Yale University.[66] Selbst bei Probanden, die zuvor keinerlei Erfahrung mit meditativen Übungen hatten, konnte mit Hilfe bildgebender Verfahren bereits nach vier Wochen praktizierter Aufmerksamkeitsmeditation eine Veränderung im Gehirn festgestellt werden: Im anterioren cingulären Cortex, in einem Bereich der Großhirnrinde, dem eine Reihe höherer Kontrollfunktionen im Bereich der Wahrnehmung, Emotionen und Konfliktlösungsfähigkeit zugesprochen wird, wurde eine deutlich verbesserte Isolierung der Nervenzellfortsätze festgestellt, was auf eine schnellere Signalübertragung schließen lässt.[67] Meditation verhilft also nicht nur zu einem besseren Umgang mit der Zeit, sie ist gleichzeitig ein Tuning des Gehirns.

Der vietnamesische Mönch Thich Nhat Hanh sagte im Mai 2009 bei einem Besuch in Köln über den Umgang mit der Zeit durch Meditation:

> »Der Buddha sagt, du hast in jedem Augenblick eine Verabredung mit dem Leben. Die Vergangenheit ist vorbei und die Zukunft noch nicht da. Leben ist immer nur im gegenwärtigen Moment verfügbar. Durch achtsames Atmen können wir jederzeit in den gegenwärtigen Moment kommen und diesen Moment tief erleben. Und wirklich lebendig zu sein, das ist das größte aller Wunder.«[68]

Damit hat Thich Nhat Hanh einen konkreten Hinweis auf die Achtsamkeitsmeditation und darauf, wie wir lernen können, unseren Geist in die Gegenwart zu bringen, gegeben: Richten Sie Ihre Aufmerksamkeit auf das Atmen. Wenn Sie das Ein- und Ausatmen beobachten, fühlen, wie die Luft durch Ihre Nase strömt und Ihre Lunge füllt, sind Sie ganz im gegenwärtigen Moment. Niemand denkt an den vorangegangenen Atemzug oder an den nächsten. Konzentriert auf das Atmen ist jeder Mensch in Achtsamkeit auf das gerichtet, was gerade geschieht. Die Stimme in Ihrem Kopf wird ruhig. Wenn Sie merken, dass sich Ihre Gedanken verselbstständigen wollen, wenn Sie sich fragen, wie viel Zeit wohl schon verstrichen ist oder was

Sie nachher unbedingt noch erledigen müssen, lenken Sie Ihre Aufmerksamkeit zurück auf das Atmen. Auch wenn Ihre Gedanken unzählige Male abschweifen – und das wird zu Beginn passieren –, führen Sie sie immer wieder ruhig zum Atem zurück. Hegen Sie keinen Groll über die Ablenkung und kämpfen Sie nicht mit Aggression gegen Ihre Gedanken an. Fokussieren Sie einfach stets aufs Neue Ihren Atem und lassen Sie sich von seinen Wellen tragen, bis Ihr Geist ruhig durch den Ozean der Gegenwart gleitet.

Der Fokus auf das eigene Atmen ist dabei nur eine von vielen Möglichkeiten zu lernen, ganz im Jetzt zu sein. Ebenso gut können Sie konzentriert einem Musikstück zuhören oder den Bewegungen eines Blattes im Wind folgen. Wichtig ist, dass Sie die Gegenwart so intensiv erleben, dass die Stimme in Ihrem Kopf ruhig wird. Und sobald Sie sie wieder hören, lenken Sie Ihre Aufmerksamkeit wieder zurück auf das, was Sie gerade betrachten. Zu Beginn wird Ihnen diese hohe Konzentration nur kurz gelingen. Geben Sie nicht auf. Denn je länger Sie diese Zentriertheit praktizieren und je besser sie Ihnen gelingt, desto stärker transformiert die neu gewonnene Fähigkeit auch Ihre alltäglichen Erfahrungen. Haben Sie das Zeitparadigma auf einer weiteren Stufe durchbrochen, so können Sie beginnen, auch in Ihrem Alltag mehr und mehr Zeit in kraftvoller Achtsamkeit auf die Gegenwart zu verbringen.

Schon bald werden Sie feststellen, dass es Ihnen auch außerhalb der Meditation immer leichter gelingt, Ihren Geist gezielt auf etwas zu richten. Sie können sich besser konzentrieren und feinere Details wahrnehmen von dem, was um Sie herum geschieht. Sie werden sensibler dafür, wann Ihre Gedanken zu lange in der Vergangenheit oder in der Zukunft weilen, und werden immer häufiger in der Lage sein, sie bewusst in die Gegenwart zurückzuholen. Ihre Sinne werden für das, was gerade um Sie herum geschieht, geschärft. Sie fühlen, wie der Wind über Ihre Haut streift, hören das feine Rauschen der Blätter und registrieren die kleinsten Stimmungsänderungen Ihrer Mitmenschen. Erst werden Sie diese Nuancen nur bemerken, wenn Sie sich für kurze Zeit darauf konzentrieren, dann aber, je häufiger Sie Ihren Geist trainieren, nehmen Sie automatisch mehr und mehr Details wahr, die Ihnen früher verborgen geblieben wären. Sie entdecken eine ungewöhnliche Brechung des Lichts auf dem Parkett, bemerken die Schwalben, die vor einem aufziehenden Gewitter wild durch die Luft jagen, schmecken feinste Gewürznoten, die Ihnen bisher entgangen waren. Ihre Sinne arbeiten mit höchster Präzision und unterstützen Ihren Geist dabei, ganz im Hier und Jetzt zu sein. Diese Achtsamkeit eröffnet Ihnen neue Wege: Sie sehen Chancen, wo Sie früher glaubten, es gäbe keinen Weg, und Handlungsspielräume, wo Sie sich bisher in die Enge getrieben sahen. Alles, was wir tun, tun wir im Jetzt, und so liegt all unsere Macht im gegenwärtigen Moment. Lernen Sie die Kraft des Lebens in der Gegenwart kennen, und die Fülle der Welt öffnet sich Ihnen in diesem Augenblick.

Paradigma der Erkenntnismatrix
Wie es ist, eine Fledermaus zu sein

»Mit dem Wissen wächst der Zweifel.«
Johann Wolfgang von Goethe

Die Welt um uns herum ist so, wie wir sie sehen. Die Wirklichkeit ist, was wir wahrnehmen. Wenn ich aus dem Fenster in den wolkenverhangenen Himmel blicke, den Lärm des Verkehrs höre oder mit den Augen die Flugbahn eines Bussards verfolge, dann sehe ich genau das, was tatsächlich vor mir liegt. Nun, nicht ganz. Tatsächlich ist die Welt viel spannender: Nichts ist nämlich so, wie es scheint. Das, was wir beobachten, fühlen, schmecken, sehen und anfassen können, ist keineswegs die einzige Wirklichkeit. Es ist, als betrachteten wir eine Statue, die mit einem Tuch verhüllt ist. Wir können nichts erkennen außer einem steinernen Fuß, der unter dem Tuch hervorragt. Da die übrige Statue verborgen ist und wir uns nicht einmal vorstellen können, wie sie vollständig aussieht, halten wir den Fuß für alles, was da ist. Der steinerne Fuß ist unser Gesamtkunstwerk. Genauso verhält es sich mit unserer Wahrnehmung der Welt: Gebunden an unsere Perspektive können wir nur einen kleinen Ausschnitt der gewaltigen Welt, die uns umgibt, wahrnehmen.

Das Paradigma der Erkenntnismatrix unterscheidet sich deutlich von allen anderen Denkmustern: Es ist nicht zu durchbrechen. Wir können gar nicht anders, als die Welt durch die beschränkte Wahrnehmungsperspektive unseres Körpers zu betrachten. Wir werden das Tuch, das die Statue umhüllt, bei allen Spekulationen darüber, was sich dahinter verbergen könnte, niemals lüften können. Und es besteht noch ein weiterer Unterschied von den übrigen Paradigmen: Dieses hier erzeugt kein Leid. Die Einschränkungen unserer Erkenntnismatrix sind einfach, wie sie sind, weder negativ noch positiv. Falsche Identifikationen allerdings, aus dem Takt gekommene Zeitwahrnehmungen oder Ohnmachtsgefühle, die wir uns später noch genauer ansehen, schränken unsere Möglichkeiten ein und hindern uns an einem selbstbestimmten Leben. Durchbrechen wir diese Denkmuster, werden wir stärker, ausgeglichener und freier, und das merken wir augenblicklich. Das Paradigma der Erkenntnismatrix aber ist so unveränderlich wie wertneutral. Wir könnten es selbst dann nicht auflösen, wenn wir es wollten. Aber warum sollten wir das auch wollen, es schadet uns schließlich nicht.

Warum es sich dennoch lohnt, es einer genaueren Betrachtung zu unterziehen? Weil nichts spannender ist, als zu versuchen, über die Grenzen des eigenen Geistes hinauszudenken. Nichts erweitert unseren Horizont mehr, nichts lässt uns besser die Fülle all dessen erkennen, was wir nicht begreifen. »Ich weiß, dass ich nichts weiß«, sagte schon Sokrates, der Fragen mehr schätzte als Antworten. Indem wir verstehen, was es außerhalb unserer Welt noch gibt und geben könnte, erweitern wir den Raum unseres Denkens. Wir trainieren die Fähigkeit, Grenzen zu sehen und darüber hinauszublicken. Wir erkennen, dass wir selbst es sind, die die Einschränkungen der Welt mitbringen, die Welt selbst aber grenzenlos ist.

Der Revolutionär in diesem Bereich war Kant. Seine Veröffentlichungen über unsere geistige Erkenntnismatrix donnerten über den westlichen Kulturkreis hinweg und veränderten das Menschenbild für immer. Ein kleiner Mann mit schiefer Statur und schwacher Gesundheit, der beinahe sein ganzes Leben in der kleinen Stadt Königsberg verbrachte, sollte die Welt aus ihren Angeln reißen und ein monumentales Werk von epochaler Wirkung erschaffen. Wenn Sie sich schon immer gefragt haben, warum dieser Philosoph Immanuel Kant eigentlich zu so großer Berühmtheit gelangt ist und das, obwohl kaum jemand seine Thesen wiedergeben kann, dies ist der Grund: Er entdeckte die Einschränkung unserer Erkenntnismöglichkeiten. Kant legte dar, dass der Geist die Welt, auf die er blickt, nicht abbildet, sondern erst erschafft. Damit drehte er das Verhältnis von Mensch und Welt völlig um. Ähnlich wie Kopernikus die Beziehung von Sonne und Erde auf den Kopf stellte, indem er behauptete, nicht die Sonne drehe sich um die Erde, sondern andersherum, drehte Kant die Beziehung zwischen dem Menschen und der Welt um 180 Grad. Die Erschütterung, die diese These auslöste, jagte gleich über eine ganze Reihe von Wissenschaftsdisziplinen hinweg und ist bis heute spürbar.

Was genau hat er gesagt? Kant blickte auf die Bedingungen menschlicher Erkenntnis und entdeckte, dass unser Denken die Welt zu jedem Zeitpunkt durch eine vorgegebene Matrix wahrnimmt. Alles, was wir von der Welt erkennen, erkennen wir durch einen Filter. »Das Ding an sich«, wie Kant es nennt, also Dinge ungetrübt von unserem inneren Filter, erreichen wir nie: »Was die Dinge an sich sein mögen, weiß ich nicht und brauche es nicht zu wissen, weil mir doch niemals ein Ding anders als in der Erscheinung vorkommen kann.«

> Ich schaue mich an in dem was ich anschaue
> ein Eindringen durch meine Augen
> in ein klareres Auge
> mich schaut an was ich anschaue
> meine Schöpfung ist das was ich sehe
> die Wahrnehmung ist die Vorstellung
> Wasser der Gedanken
> Ich bin die Schöpfung dessen was ich sehe
> *Octavio Paz*

Die Erkennbarkeit der Welt ist durch die Einschränkungen unseres Verstandes begrenzt. Die Welt kann nur durch unsere Erkenntnismatrix betrachtet werden. Diese Matrix nennt Kant die Kategorien des Verstandes und identifiziert hier beispielsweise die Kausalität, die all unser Denken durchzieht. Reflektieren Sie diesen Gedanken. Alles, was wir wahrnehmen, interpretieren wir tatsächlich als eine Ursache mit anschließender Wirkung. Nichts ist davon ausgenommen. Wir können uns noch nicht einmal vorstellen, dass die Welt von etwas anderem als diesem einen Prinzip durchwoben ist. Und weil wir nicht im Geringsten dazu in der Lage sind, uns von dieser Idee eines alles durchdringenden Ursache-Wirkungs-Mechanismus zu lösen, können wir auch nicht wissen, ob sich dieser Mechanismus bei objektiver Betrachtung genauso darstellt wie bei subjektiver Betrachtung. Wir sind festgewachsen in einem Urwald, weshalb wir nicht ermessen können, wie groß dieser Wald insgesamt ist, ob es noch andere Wälder oder sogar völlig andere Landschaftsarten gibt. Wir wissen noch nicht einmal, wie und warum wir in diesem Urwald festgewachsen sind, ob unsere Sicht eingeschränkt ist und wenn ja, auf welche Weise. Denn wenn ich »die Bedingungen der Möglichkeit meiner Erfahrung« oder anders gesagt meine Erkenntnismatrix, durch die ich die Welt sehe, nicht kenne, dann projiziere ich sie in die Realität. Wenn ich nicht weiß, dass ich eine blau getönte Sonnenbrille trage, dann halte ich die ganze Welt für blau. Die Kategorien, in unseren Worten die Matrix, sind für Kant ebensolche Sonnenbrillen, nur dass wir nicht dazu in der Lage sind, sie jemals abzunehmen. So identifiziert er neben der Kausalität auch Raum und Zeit als menschliches Denkmuster, von dem wir uns nicht lösen können. Das Kapitel über die Wahrnehmung der Zeit hat deutlich gemacht, dass diese Erkenntnis Kants über die menschliche Konstruktion der Zeit heute – über 200 Jahre später – von der Wissenschaft bestätigt wird.

Aber damit erschöpft sich die Einschränkung unserer Wahrnehmung noch nicht. Eine weitere Denktradition der Philosophie befasst sich seit Langem mit einer ganz anderen Art der Wahrnehmungseinschränkung als Kant: Es geht dabei um den qualitativen Charakter von Empfindungen. Damit ist der subjektive Ergebnisgehalt eines mentalen Zustandes gemeint. Eine bewusste Wahrnehmung *ist* nicht einfach nur, wir *erleben* sie, sie *fühlt sich auf eine bestimmte Art und Weise an.* Isst beispielsweise eine Person eine Erdbeere, erlebt sie eine sogenannte »phänomenale« Qualität des Geschmacks. Sie kann nicht wissen, ob diese Erdbeere für eine andere Person genauso schmeckt. Beide Personen können sich zwar mittels bestimmter Kategorien über den Vergleich mehrerer Erdbeeren austauschen (»die zweite ist süßer als die erste« o. Ä.), aber sie werden nie erfahren, ob ihr subjektives Geschmackserleben identisch ist oder nicht. Haben Sie sich jemals gefragt, ob eine andere Person eine Farbe ganz genauso sieht wie Sie? Nun, genau darum geht es. Die philosophische Beschäftigung mit diesen subjektiven Qualitäten von Empfindungen spiegelt sich in der sogenannten Qualia-Debatte wider. Das Thema wird seit Jahrhunderten in der Philosophie diskutiert, in der Neuzeit mit ungebrochener Vehemenz im Kontext der Neuro- und Kognitionswissenschaften. Eine zentrale Frage ist, ob die subjektive Qualität eines Erlebnisses überhaupt von einer Wissenschaft, die ja schon per Definition mit intersubjektiven Parametern operieren muss, greifbar gemacht werden kann.

Ein Gravitationspunkt der gegenwärtigen Debatte ist die 1974 von dem Philosophen Thomas Nagel gestellte Frage: »Wie ist es, eine Fledermaus zu sein?« Anhand dieses anschaulichen und in der Philosophie berühmt gewordenen Beispiels versucht Nagel darzulegen, dass alle Bemühungen, die darauf abzielen, »von außen« die Innenperspektive eines anderen Lebewesens nachzuvollziehen, zwangsläufig scheitern. Jede Wahrnehmung ist so eng an die eigene Perspektive geknüpft, dass es noch nicht einmal gelingt, eine andere Perspektive auch nur zu denken. Die Welt, die eine Fledermaus wahrnimmt, ist eine gänzlich andere als die Welt, die ein Mensch erlebt, und es gelingt uns noch nicht einmal, den Sinneseindrücken der Fledermaus auch nur in unserer Phantasie nahezukommen.

Bekanntermaßen orientieren sich Fledermäuse nicht an optischen Sinneseindrücken, sondern an einem Echoortungssystem. Dieses erlaubt ihnen, sich auch bei vollständiger Dunkelheit mühelos zurechtzufinden. Durch Mund und Nase senden sie Ultraschalllaute aus, die von den Objekten, auf die sie treffen, reflektiert werden und den Fledermäusen ein Abbild der Umwelt verschaffen. Sie hören die Echos ihrer eigenen Laute, die in ihrem Gehirn anhand der Frequenzen analysiert werden. So gibt die Zeitdauer, die zwischen dem Aussenden des Lauts und dem Hören seines Echos verstreicht, an, wie weit das Objekt, das den Laut reflektiert hat, von der Fledermaus entfernt ist. Entfernung, Bewegung, Größe, Form und Oberflächenstruktur eines Objekts werden so erkannt. Das Fledermausgehirn fügt all diese Informationen zu einem 3D-Bild zusammen, das sie auch in tiefschwarzer Nacht ihre Umgebung »sehen« lässt. Wie sich ein solches Erleben der Welt *anfühlt*, können wir nicht einmal ahnen.

> »Es wird nicht helfen, sich vorzustellen, dass man Flughäute an den Armen hätte, die einen befähigen, bei Einbruch der Dunkelheit und im Morgengrauen herumzufliegen, während man mit dem Mund Insekten finge; dass man ein schwaches Sehvermögen hätte und die Umwelt mit einem System reflektierter akustischer Signale aus Hochfrequenzbereichen wahrnähme; und dass man den Tag an den Füßen nach unten hängend in der Dachkammer verbrächte.«[69]

Denn selbst wenn wir uns dies vorstellen, handelt es sich um nicht viel mehr als eine Vermutung dessen, wie es sich für einen Menschen anfühlen würde, im Körper einer Fledermaus zu sein. Es ist nicht die Vorstellung des Erlebens der Fledermaus selbst. Hierzu müssten wir in die Rolle der Fledermaus schlüpfen und ein Fledermausbewusstsein haben, das heißt, wir müssten völlig vergessen, dass wir eigentlich Menschen sind.

Das Erleben der Welt ist also untrennbar an die eigene Perspektive gebunden. Um die Vielfältigkeit der verschiedenen Dimensionen, die diese Erkenntnis birgt, zu verdeutlichen, noch ein weiteres Beispiel: das Schallspektrum.

Bleiben wir bei der bewährten Fledermaus: Die Ultraschalllaute, die Fledermäuse zur Orientierung aussenden, liegen in einem Frequenzbereich von ca. 20 bis 200 kHz. Dabei handelt es sich um einen Hochfrequenzbereich, das heißt einen Bereich, in dem erheblich mehr Schwingungen erfolgen, als in denjenigen Frequenzbereichen, die für das menschliche Gehör wahrnehmbar sind. Die Frequenzen, die ein erwachsener Mensch aufnehmen kann, liegen etwa zwischen 16 Hz und 18 kHz. Dass wir nur einen so kleinen Frequenzbereich mit unseren Sinnen erfassen können, hat zur Folge, dass wir von einer riesigen Anzahl Phänomene in der physikalischen Welt überhaupt nichts mitbekommen.

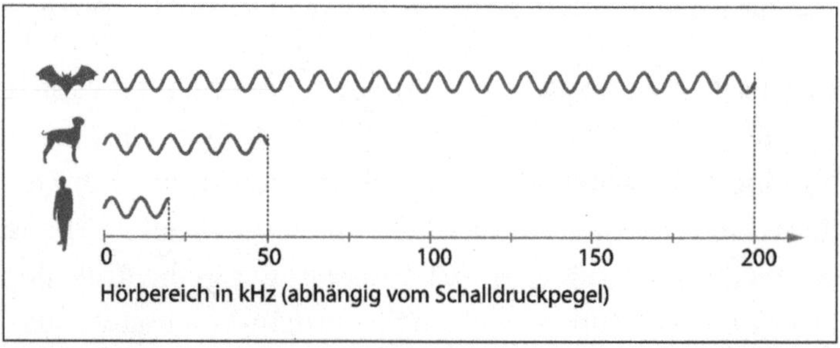

Angenommen Sie sind im Urlaub in den Bergen, treten nachts auf den Balkon Ihrer Ferienwohnung und blicken auf die Alpen und den funkelnden Sternenhimmel dahinter. Es ist eine warme ruhige Sommernacht, und Sie hören nichts als das Zirpen der Grillen und das leise Schellen entfernter Kuhglocken. Sie atmen tief ein und genießen die Stille. Was Sie nicht mitbekommen, ist, dass sich im Dachboden des Nachbarhauses eine Fledermauskolonie angesiedelt hat und unzählige dieser Flugtiere durch den dunklen Himmel um Ihren Balkon jagen. Hunderte von Fledermäusen schreien aus voller Kraft in die Nacht hinein. Ihr Lautstärkelevel erreicht über 100 Dezibel. Das ist, als würden unzählige Presslufthämmer um Sie herumfliegen – während Sie die Stille genießen. Denn zu Ihrem Glück liegt dieser Frequenzbereich außerhalb Ihrer Wahrnehmung, und so merken Sie von diesem Teil der Wirklichkeit nicht das Geringste.

Auch andere Lebewesen erlauben uns Einblicke in Facetten dieser Welt, deren Erfahrung uns verschlossen bleibt. So besitzen Haie, Rochen und Seekatzen sogenannte Lorenzinische Ampullen. Diese unter der Haut liegenden Sinnesorgane ermöglichen ihnen, feinste elektrische Felder mit Unterschieden von nur fünf Milliardstel Volt zu fühlen. Auch die minimale elektrische Spannung, die von den Muskeln jedes Lebewesens ausgeht, ist für sie wahrnehmbar. Das ist in etwa so, als könnten Sie in Ihrem Gesicht den Herzschlag Ihres Nachbarn fühlen. Man vermutet außerdem, dass die Lorenzinischen Ampullen zur Orientierung am Erdmagnetfeld dienen. Das wäre in der Natur nichts vollkommen Neues, immerhin können Zugvögel den Verlauf der Erdfeldmagnetlinien »sehen«. Am Äquator verlaufen die Magnetfeldlinien parallel zur

Erdoberfläche. Ihr Winkel verändert sich in Richtung der Pole, bis die Magnetfeldlinien an den Polen selbst senkrecht zur Erdoberfläche verlaufen. Vögel können diesen Neigungswinkel der Erdfeldmagnetlinien wahrnehmen. Diese Fähigkeit stellt die Wissenschaft noch immer vor immense Rätsel. So ist man bis heute noch nicht einmal sicher, welche Rolle der Schnabel und welche Rolle die Augen für diese Sensorik spielen. Es gilt jedoch als wahrscheinlich, dass Vögel das Magnetfeld als optischen Eindruck wahrnehmen, da bei der Orientierung daran teilweise diejenigen Areale im Gehirn aktiviert werden, die bei Vögeln auch für das Sehvermögen zuständig sind.[70] Stellen Sie sich vor, Sie bräuchten niemals wieder eine Landkarte oder ein Navigationsgerät, weil die Welt, die Sie sehen, von feinen Erdfeldmagnetlinien durchzogen wäre, an denen Sie sich immer und überall orientieren könnten. Und wie wäre es, wenn Sie zusätzlich Infrarotstrahlung erfassen könnten wie eine Klapperschlange? Diese besitzt zwischen Augen und Nasenlöchern das sogenannte Grubenorgan, das es ermöglicht, Temperaturänderungen von bis zu 0,003 °C zu erkennen. Der Mensch dagegen ist kaum in der Lage, eine Veränderung der Lufttemperatur von 1 °C wahrzunehmen.

Unser Vermögen ist die Flexibilität und Vielseitigkeit. In Bezug auf Spezialisierungen hinken wir den meisten Tieren meilenweit hinterher. Für jedes unserer Sinnesorgane finden sich im Tierreich Belege, dass diese Organe wesentlich besser ausgebildet sein und wesentlich höhere Leistungen erzielen können. Viele Sinnesorgane, wie die soeben vorgestellten, fehlen uns gleich gänzlich. Ebenso wenig haben wir die Koppelung verschiedener Sinnesorgane ausgebildet. Wie es anders aussehen könnte, im wahrsten Sinne des Wortes, zeigen uns Synästhetiker. So werden Menschen genannt, die das Vermögen besitzen, zwei Wahrnehmungsbereiche, zum Beispiel Farben und Töne, miteinander verbunden zu erleben. Wird in ihren Gehirnen das Verarbeitungszentrum des einen Wahrnehmungsbereiches gereizt, aktiviert sich gleichzeitig das andere. Musikstücke können so nicht nur in Tönen, sondern auch in Farben erscheinen. Diese Ton-Farb-Synästhesie tritt am häufigsten auf, es kommt aber auch vor, dass Buchstaben und Zahlen eine Farbe oder einen Geschmack besitzen. So kann ein Y grün sein, die Zahl sieben nach Zimt riechen, und die Farbe gelb erklingen. Synästhesie ist keine Einbildung, sie ist mit den Kernspintomographen eindeutig messbar: So springen bei einem Synästhetiker, der Zeichen und Töne gekoppelt wahrnimmt, gleichzeitig das visuelle Areal der Hirnrinde und das akustische System an, sobald man ihm einen Buchstaben zeigt. Der Arbeitskreis der Medizinischen Hochschule in Hannover schätzt, dass zwischen 80 000 und 160 000 Menschen in Deutschland dieses Feuerwerk der Sinne erleben[71]. Wie es allerdings dazu kommt, welche Ausprägungen es noch gibt und welche Implikationen damit verbunden sind, bleiben Fragen, auf die es noch keine Antworten gibt und über die fieberhaft geforscht wird. Das Phänomen der Synästhesie ist ein weiterer Beleg dafür, wie anders unsere Welt wäre, wenn unser Gehirn oder unsere Sinnesorgane auch nur geringfügig anders arbeiten würden, als wir es gewohnt sind. Denn nichts ist, wie es scheint. Die Welt, die wir kennen, ist nur die Welt, die unser Gehirn gerade erschaffen hat. Wie die Wirklichkeit aussieht, werden wir nie erfahren.

Paradigma der Meme
Wann wir fremdgesteuert sind

»Gesunder Menschenverstand:
eigentlich nur eine Anhäufung von Vorurteilen,
die man bis zum 18. Lebensjahr erworben hat.«
Albert Einstein

Wenn wir uns die einschränkenden Paradigmen als trübe, die Sicht verdunkelnde Sonnenbrillen vorstellen, dann ist deutlich geworden, dass wir mehrere dieser Brillen unterschiedlicher Art tragen. Während uns das Denkmuster der Erkenntnismatrix naturgegeben ins Gesicht gewachsen ist, haben wir die Paradigmen der falschen Identifikationen selbst gewählt. Wieder andere – und zu einem solchen kommen wir jetzt – haben andere uns auf die Nase gesetzt. Zwar sind wir überzeugt davon, dass wir uns diese Brille nach einem umfassenden Auswahlprozess selbst ausgesucht haben, in Wirklichkeit aber haben wir nur blind übernommen, was uns gereicht wurde. Es sind Ideen und Schlussfolgerungen, die uns unreflektiert als unsere eigenen erscheinen, die uns aber Kuckuckseiern gleich ins geistige Nest geschmuggelt wurden und von denen wir uns ahnungslos die Freiheit unserer Gedanken einschränken lassen. Ein solch einschränkendes Paradigma ist das der Meme.

Das Kunstwort *Mem* wurde erstmals 1976 von dem Evolutionsbiologen Richard Dawkins vorgestellt[72] und erfuhr in den folgenden Jahren große Aufmerksamkeit. Ein Mem bezeichnet nach Dawkins eine Gedankeneinheit, die sich ähnlich einem Gen (die begriffliche Ähnlichkeit ist beabsichtigt) selbst vervielfältigt. Auch als Viren des Geistes beschrieben betiteln sie Informationsblöcke, die sich über die Kommunikation von einem Menschen zum nächsten übertragen und sich so immer weiter ausbreiten. Meme können Sprachformen, kulturelle Bräuche, Modeerscheinungen oder Ernährungsgewohnheiten sein. Sie können sich in Form von Melodien, Gedanken und Schlagworten zeigen oder in bestimmten Arten, Töpfe herzustellen und Bogen zu bauen.[73]

> »So wie Gene sich im Genpool vermehren, indem sie sich mit Hilfe von Spermien und Eizellen von Körper zu Körper fortbewegen, verbreiten sich Meme im Mempool, indem sie von Gehirn zu Gehirn überspringen, vermittelt durch einen Prozess, den man im weitesten Sinne als Imitation bezeichnen kann. Wenn ein Wissenschaftler einen guten Gedanken hört oder liest, so gibt er ihn an seine Kollegen und Studenten weiter. Er erwähnt ihn in seinen Veröffentlichungen und Vorlesungen. Findet der Gedanke neue Anhänger, so kann man sagen, dass er sich vermehrt, indem er sich von einem Gehirn zum anderen ausbreitet.«[74]

In der Diskussion um Meme werden hauptsächlich solche Informationsblöcke thematisiert, die nach Ansicht einiger Autoren für die Überlieferung von Kulturgütern verantwortlich sind bzw. die es nach Ansicht anderer Autoren gerade nicht sind. Dahinter stehen Fragen, die Menschen seit Jahrtausenden umtreiben: Wozu bilden wir überhaupt Kulturen aus? Ist Kultur das spezifisch Menschliche, das den Menschen vom Rest der Natur abhebt und ihm eine Sonderrolle beschert? Oder ist Kultur nichts weiter als eine Strategie der Bewältigung komplexer Herausforderungen der Umwelt? Diese Debatte ist primär von theoretischem Interesse, weshalb wir sie hier nicht weiterverfolgen.

Meme der Gestalt, die hier von Interesse ist, sind von Bedeutung für das praktische Leben jedes Einzelnen. Es handelt sich um die Meme der fremden Meinungen. Sie bezeichnen Überzeugungen, die wir zwar für unsere eigenen halten, die wir in Wahrheit jedoch von anderen übernommen haben und jetzt lediglich reproduzieren. Deutlich sichtbare Beispiele dieser Meme finden sich in Diskussionen um das Nachrichtengeschehen. Fragen Sie etwa den eifrigen Verfechter eines Standpunktes zum Nahost-Konflikt, völlig egal, für welche Konfliktpartei er dabei eintritt, welche Nationen denn überhaupt an den Staat Israel angrenzen, so offenbart sich nicht selten eine Sachkenntnis so geringen Ausmaßes, dass sie kaum als Grundlage einer eigenen Meinung dienen kann. Eine Person, die bei minimalem Wissensstand flammende Vorträge hält, ist leider kein selten anzutreffendes Phänomen. Die fragliche Person ist in einem solchen Fall keineswegs mit den Facetten einer vielschichtigen Gemengelage vertraut, sondern gibt nur wieder, was sie zuvor an anderer Stelle gehört hat. Das ist ihr noch nicht einmal bewusst. Sie ist vielmehr überzeugt davon, die genuin eigene Meinung zu vertreten und nicht etwa nur eine übernommene. Derartige Meme durchdringen alle Gesellschaftsbereiche, werden jedoch gerade bei Themen, die Anlass zu politischen Diskussionen geben, besonders augenscheinlich. Nehmen Sie etwa die Debatte um Einreiseerleichterungen für fremde Facharbeiter. Nahezu jeder fühlt sich beflissen, seine »Meinung« zu dem Thema kundzutun, unabhängig davon, ob zumindest rudimentäres Wissen über Volkswirtschaft und Arbeitsmarktpolitik vorhanden ist oder nicht. So kann die überwältigende Mehrheit der Verfechter des Standpunktes, man solle keine ausländischen Facharbeiter ins Land lassen, da dadurch weitere Arbeitsplätze für die eigenen Staatsbürger verloren gingen, nicht einmal sagen, von welcher Anzahl Facharbeiter überhaupt gesprochen wird. Dabei macht es einen gewaltigen Unterschied, ob in der Vergangenheit 500, 50 000 oder 5 Millionen Facharbeiter immigriert sind oder ob in Zukunft 500, 50 000 oder 5 Millionen Visa ausgestellt werden sollen. Es handelt sich also nicht um eine qualifizierte eigene Meinung, sondern um ein Mem. Für die Bildung eigener Meinungen wird zumindest rudimentäre Sachkenntnis benötigt, und selbst diese schützt nicht davor, dass wir uns der Anstrengung eigener Gedankengänge entziehen und stattdessen fremde Gedankengänge wiederkäuen. Wenn Sie gefragt werden, ob der Maiswurzelbohrer für die rumänische Agrarwirtschaft eine Bedrohung darstellt, können Sie keine kompetente, informationsbasierte Antwort geben. Sie haben weder von diesem gelbschwarzen Käfer noch von der Struktur der rumänischen Landwirtschaft auch nur den Hauch einer Ahnung, ja Sie haben noch nicht einmal andere davon sprechen hören, sodass sie deren Meinung hätten übernehmen können. Dreht sich die Frage aber stattdessen um die Folgen europäischer Politik, so wird beinahe jeder irgendeine Antwort geben können, da im öffentlichen Raum so häufig über den Themenkomplex europäischer Entscheidungsverfahren und -folgen debattiert wird, dass auch bei völliger Unkenntnis der politischen Ordnung mindestens ein Mem zur Weitergabe zur Verfügung stehen wird.

Der englische Philosoph John Locke, der neben Thomas Hobbes und Jean-Jacques Rousseau als einer der einflussreichsten Vordenker der Aufklärung gilt, prägte das Bild des Geistes als weißes Blatt (Tabula rasa). Er lehnte die Vorstellung ab, dass der Mensch bestimmte Erkenntnisse zwangsläufig und angeboren besitze, und betonte stattdessen die Notwendigkeit des selbstständigen Denkens und Erkennens. Von ihm stammt der auch auf das Paradigma der Meme passende Satz: »Dass in unserem Hirn die Meinungen anderer auf und ab wogen, macht uns keinen Deut klüger, mögen sie auch zufällig wahr sein.«[75]

Eine ganze Reihe Meinungen, die wir für unsere eigenen halten, haben wir lediglich von anderen übernommen. Und mit diesen fremden Vorstellungen ist das Repertoire der Meme noch lange nicht erschöpft: Darüber hinaus bestehen noch jede Menge Meme, die uns in Form gesellschaftlicher Verhaltensprogramme das einzig akzeptierte Handeln vorschreiben. Der Begriff Programme betitelt dabei die Art von Memen, mittels derer wir agieren, die uns aber gleichsam von außen »auf unser System aufgespielt wurden«. Zu nennen ist hier beispielsweise die Auffassung, dass Nichtstun und Müßiggang negativ, Pünktlichkeit und Bescheidenheit jedoch positiv zu bewerten sind. Einige dieser Programme sind wertneutral, beispielsweise die Regel, stets danke und bitte zu sagen, oder die Norm, mit Messer und Gabel zu essen.

Selbstverständlich geht es nicht darum, alle sozialen Regeln zu verdammen oder abzuschütteln. Soziale Normen, die mehr oder weniger präzise festlegen, welche Verhaltensweisen in zwischenmenschlichen Situationen angemessen sind und erwartet werden, erfüllen eine grundlegende Orientierungsfunktion, sowohl für das eigene Handeln wie auch für die Einschätzung des Handelns anderer. Für den Einzelnen wirken sie entlastend, er muss nicht in jeder Situation aufs Neue seine vielfältigen Verhaltensmöglichkeiten reflektieren. Für die Gemeinschaft schaffen sie Stabilität und Erwartungssicherheit. Soziale Normen erfüllen so eine Vielzahl positiver Funktionen für das gesellschaftliche Zusammenleben, insbesondere dann, wenn sie nicht absolut gesetzt werden und ihre Relativität wahrgenommen wird. Was hier thematisiert wird, sind Verhaltensprogramme, die nicht mehr diesem Bereich der sozialen Normen zuzurechnen sind, sondern die stattdessen weit darüber hinausgehen und ohne positive Funktionalität nur noch einengend wirken. Es geht also darum, diejenigen Programme zu identifizieren, die der Entfaltung der Freiheit und des eigenen Potentials im Weg stehen. Dennoch sind sich die wenigsten Menschen dieser Programme bewusst, und so breiten sie sich virenartig über Generationen und Grenzen hinweg aus. Ein Beispiel für solch ein schädliches Mem ist das Anti-Fehler-Programm, das die Kommunikationstrainerin und Neurowissenschaftlerin Vera F. Birkenbihl beschreibt:

> »Denken Sie bitte mit: Ein Dreijähriger sitzt auf dem Teppich und baut mit Bauklötzen. Ab einer gewissen Höhe kracht der Turm, den er bauen will, immer zusammen. Wie reagiert er? Er ist interessiert, er ist fasziniert. Ganz der kleine Forscher fängt er von vorn an. Wieder passiert es, und alles fällt zusammen. Er ist ›ein einziges Fragezeichen‹: *Wieso passiert das?* Es ist das Einzige, was ihn interessiert. Er fängt wieder an. Es ist spannend. Und beim dritten, vierten, fünften Mal merkt er, dass es sein eigener *Ärmel* ist, mit dem er die obersten Klötzchen herunterreißt, was den Turm zum Einsturz bringt. Dann geht ein Leuchten über sein Gesichtelchen. Er hat eine Einsicht gewonnen. Und wenn er morgen am Tisch sitzt und das Milchglas mit seinem Ärmel umwirft, versteht er den Zusammenhang (weil sein Wissensnetz sofort eine neue Verbindung herstellt) sehr schnell.
>
> Aber wenn er in einer Familie aufwächst, wo sofort jemand schreit ›Pass doch auf!‹, dann wird er nicht mehr lange mit Neugierde und Faszination reagieren können, wenn ihm eine Panne passiert.

Spätestens wenn er neun Jahre alt geworden ist, und es passiert ihm eine Panne, blickt er sich verstohlen um, ob es jemand gemerkt hat, denn er weiß bereits: ›Man‹ (an diesem Wörtchen erkennen Sie den Programmcharakter), ›man darf keine Fehler machen!‹ Und das Zusatzprogramm hat er auch bereits internalisiert: ›Wenn man einen Fehler macht, darf man sich nicht erwischen lassen!‹«[76]

Es ist klar zu erkennen, wie derartige Programme unsere Entwicklung hemmen und unsere Freiheit, die Welt zu erfahren, einschränken. Und sie sind uns noch nicht einmal bewusst. Wir merken nicht, dass große Teile unseres Denkens gesellschaftlich programmiert sind. Wie auf einer Rennstrecke folgen wir den auf dem Boden aufgezeichneten Bahnen, während wir gleichzeitig der Illusion erliegen, frei über unbegrenzte Wiesen zu rennen. Wir nehmen nicht wahr, dass wir vorgegebenen Verhaltens- und Denkmustern folgen. Dabei begrenzen wir unsere eigenen Möglichkeiten. Ein Beispiel hierfür ist das Pfade-dürfen-nicht-verlassen-werden-Programm. Es besagt, dass man einen einmal eingeschlagenen Weg unter keinen Umständen verlassen darf. Die wertvolle Fähigkeit, an einem Ziel festzuhalten, wird dabei mit der Sturheit verwechselt, auf einem bestimmten Pfad zu beharren. Der intelligente Weg, ein Ziel zu erreichen, besteht darin, es fest im Auge zu behalten und, sollte man auf den ursprünglich eingeschlagenen Pfaden nicht mehr effektiv vorankommen, Flexibilität auf dem Weg dorthin zu beweisen. Ein stures Beibehalten der einmal eingeschlagenen Richtung ist nicht immer geschickt. Schon Nietzsche formulierte treffend: »Viele verfolgen hartnäckig den Weg, den sie gewählt haben, aber nur wenige das Ziel.«

Ein weiteres Beispiel verdeutlicht, wie tief eingeprägt und wie gut vor uns selbst verborgen diese Programme sind.[77] Stellen Sie sich vor, Sie sitzen mit einer Bekannten in einem Restaurant und warten darauf, dass Ihnen das Mittagessen serviert wird. Sie unterhalten sich angeregt. Plötzlich aber stutzen Sie beide und blicken fassungslos zu dem Mann am Nachbartisch. Er lacht. Ohne ersichtlichen Grund. Und das, obwohl er allein am Tisch sitzt. Sie sind irritiert. Stirnrunzelnd werfen Sie und Ihre Bekannte ihm einen verstörten Blick zu, bevor Sie sich mit missbilligender Miene wieder abwenden. Komischer Spinner! Sie schütteln stumm den Kopf, nehmen Ihr Gespräch wieder auf und versuchen, nicht mehr in seine Richtung zu sehen. Was in dieser Situation gerade passiert ist? Sie haben ein Programm abgespult: Man lacht nicht ohne ersichtlichen Grund und vor allem nicht allein. Lachen erfordert die Anwesenheit von mindestens zwei Personen. Verstößt ein Mitglied der Gesellschaft gegen diese unausgesprochene Regel, kommt es zu Irritationen bei seinen Mitmenschen. Je nachdem, wie stark diese das Programm verinnerlicht haben, kann dies bisweilen so ausgeprägt sein, dass es in Ärger und den Wunsch, diese Person augenblicklich in ihrem Verhalten zu stoppen, münden kann.

Dabei behindern uns derartige Programme nicht nur innerhalb der Gesellschaft, sondern erschweren auch den Kontakt zwischen verschiedenen Gesellschaften. Sie mindern unsere Fähigkeit, mit Menschen anderer Gesellschaften effektiv und gewinnbringend zu kommunizieren. Ein Beispiel hierfür sind kulturell verankerte Regeln im Zusammenhang mit der Prozedur der Nahrungsaufnahme. Den meisten von uns ist es zuwider, wenn jemand beim Essen schlürft und schmatzt. Wir haben von frühster Kindheit an gelernt, dass die Nahrungsaufnahme geräuschlos zu erfolgen hat. In großen Teilen Asiens hingegen besteht diese Regel nicht, ganz im Gegenteil, Schmatzen ist üblich und gilt als Zeichen für Genuss. Ein absoluter Frevel im Bereich der Tischsitten ist dort wiederum, die Nase in ein Taschentuch zu schnäuzen, was diskret durchgeführt in den hiesigen Breitengraden für keinerlei Aufsehen sorgt. Es gibt unzählige solcher gesellschaftlicher Normen. So haben wir im Westen keine Regel, die uns sagt, man solle mit den Füßen niemals auf andere Menschen zeigen. In Südostasien allerdings gibt es eine solche Regel, und niemand würde außer zum Zweck einer absichtsvollen, groben Beleidigung versehentlich mit den Füßen auf eine andere Person weisen. In Europa hingegen kann ich meine Beine in entspannter Atmosphäre aufs Sofa legen, ohne nur einen Gedanken darauf zu verschwenden, wohin meine Füße zeigen. Und die Person, die gerade neben mir sitzt, wird das Gespräch ungerührt fortsetzen und überhaupt keine Notiz davon nehmen. Sie kennt das Programm nicht, das ihr sagt, dies sei eine Beleidigung. Ebenfalls undenkbar ist in Südostasien wiederum, alten Menschen nicht großen Respekt zu zollen, eine Verhaltensregel, die bei uns schon allein deshalb nicht vorherrscht, da wir ein gegenteiliges Konzept haben, das implizit vorgibt, nur die Jugend sei kostbar, und der Mensch verliere mit zunehmendem Alter an Wert. Ein Programm, das in engem Wechselverhältnis mit dem Paradigma der falschen Identifikation mit dem Körper steht, beide können sich gegenseitig verstärken.

All diesen gesellschaftlichen bzw. kulturellen Programmen ist gemein, dass die Menschen fest davon überzeugt sind, die jeweils eigenen Regeln seien die richtigen, die Regeln anderer Kulturen seltsam oder sogar falsch.

Jede Gesellschaft besitzt derartige Programme, wobei das Wissen um die Relativität dieser Programme sowohl zwischen verschiedenen Gesellschaften als auch innerhalb einzelner Gesellschaften unterschiedlich stark ausgeprägt ist. Ein erheblicher Teil der Menschen erliegt der Illusion, die eigenen Gepflogenheiten seien die einzig natürlichen, ohne sich jemals auch nur darum bemüht zu haben, ein anderes Regelsystem zu verstehen. Und weil diese Menschen die Herausforderungen der Anpassung an neue kulturelle Regeln nie erfahren haben und in einfach gestrickten Denkmustern die eigene Lebensweise für die überlegene halten, äußern sie schnell Vorwürfe gegenüber Menschen anderer Herkunftsländer, wenn diese sich nicht augenblicklich aller Praktiken der eigenen Kultur entledigen und sich schnell und dankbar den vermeintlich überlegenen Regeln der jeweils neuen Kultur anpassen.

Vera F. Birkenbihl hat in diesem Zusammenhang ein bestechend eingängiges Denkmuster geprägt: das Insel-Modell.[78] Es gilt, sich jeden Menschen auf einer kleinen Insel vorzustellen. Jeder Mensch ist dabei an seiner Insel »festgewachsen«, sie ist ein Teil von ihm. Vera F. Birkenbihl spricht sogar davon, dass die Menschen in (und nicht auf) ihrer jeweiligen Insel leben. Dabei repräsentiert die Insel alles, was der einzelne Mensch je gelernt hat, sowie all seine Meinungen, Ängste, Wünsche usw. Je ähnlicher sich die Inseln zweier Menschen sind, desto stärker überlappen sie sich. Dies hat zur Folge, dass die Kommunikation zwischen den beiden Inselbewohnern leichtfällt. Sind zwei Inseln hingegen sehr verschieden, überlappen sie sich also kaum, so ist die Kommunikation mit dem anderen Inselbewohner nicht nur anstrengend, sondern sie misslingt häufig sogar gänzlich.

Wie weit sich verschiedene Inseln überschneiden, ist weder über die Zeit noch über alle Themen hinweg konstant.

So können sich beispielsweise zwei Inseln beim Themenbereich Politik kaum überschneiden, während sie beim Themenbereich Familienwertschätzung fast deckungsgleich aufeinanderliegen. Die Überlappung ist auch nicht statisch, das heißt, die Inseln zweier Menschen können sich im Rahmen einer persönlichen Entwicklung aufeinander zu- oder voneinander wegbewegen. Begegnet nun ein Individuum einem anderen, das einem völlig anders gearteten Kulturkreis entspringt, dann überlappen sich die beiden Inseln kaum. Die Folge ist oft, dass die Kommunikation scheitert und man sich mit Unverständnis begegnet.

Es ist klar erkennbar, warum ein Mensch, der starr auf seiner kleinen Insel kauert, einen eingeschränkteren Freiheitsraum besitzt und weniger von der Mannigfaltigkeit der Welt erfährt als ein Mensch, der sich von diesem Mem-Paradigma nicht derart beschränken lässt. Ein Mensch, der seine Insel erkundet hat, der weiß, dass sie flexibel und ausbaufähig ist, besitzt ungleich mehr Möglichkeiten als der bewegungslose Bewohner der Miniinsel. Der freie Mensch hat gelernt, sich auch mit Nicht-Gleichgesinnten auszutauschen. Er kann Neues ausprobieren, Grenzen ausreizen und bereichernde Erfahrungen machen. Er kann erkennen, wie die eigene Insel gegenüber anderen Inseln positioniert ist, kann Distanzen bewusst annehmen oder sich in der Konstruktion von Brücken versuchen. Während der Bewohner der Miniinsel in seiner selbstgewählten Einöde festsitzt, kann der freie Mensch beinahe alles tun und sich in das Abenteuer der Weltentdeckung stürzen.

Das Muster durchbrechen
So hält man sich die Viren des Geistes fern

In dem Moment, in dem Meme als solche erkannt werden, zerbröselt ihre Macht. Werden sie als Imitationen identifiziert, entsteht sofort eine Distanz zu diesem Informationsblock, ich bin ihm nicht mehr ausgeliefert. Ich gewinne die Freiheit, andere Meinungen nicht unreflektiert übernehmen zu müssen und auch Handlungsmöglichkeiten in Betracht zu ziehen, die außerhalb des abgesteckten Rahmens der gesellschaftlich üblichen Programme liegen.

Versuchen Sie, die Meme fremder Meinungen zu identifizieren. Es ist wie ein Wettkampf: Schaffen es die Meme, sich ungesehen an Ihnen vorbeizuschleichen, Sie einzunehmen, oder entdecken Sie sie vorher? Ein gutes Indiz für ein Mem ist die Wiederholung: Haben Sie die gleiche Aussage schon von verschiedenen Personen gehört, könnte es sich um einen Informationsblock handeln, der ungeprüft von einer Person zur nächsten springt. Die Amateurliga besteht darin, Meme aufzuspüren, die andere Menschen wiedergeben, die Profiliga darin, Meme zu identifizieren, mit denen man selbst infiziert ist. Sie werden Ihre Fähigkeiten mit jedem Trainingstag ausbauen und einen hellen, wachen Geist entwickeln. Und Sie werden feststellen, dass Sie mit jedem Mem, das Sie weniger reproduzieren müssen, entspannter werden. Sich nicht um die Weitergabe fremder Meinungen kümmern zu müssen bringt eine tiefe Gelassenheit mit sich.

Ganz ähnlich verhält es sich mit den gesellschaftlichen Programmen. Damit diejenigen Denk- und Verhaltensmuster, die einschränkend auf uns wirken, identifiziert werden, muss in einem ersten Schritt ganz allgemein die Aufmerksamkeit für gesellschaftliche Automatismen geschärft werden. Am leichtesten gelingt dies im Kontakt mit Personen anderer Kulturkreise, da soziale Normen wie auch einengende Programme im Kontrast zueinander deutlicher erkennbar werden. Welche Verhaltensmuster kommen Ihnen natürlich und unumstößlich vor, wären aber auch anders denkbar? Welche Rituale durchdringen unsere zwischenmenschliche Interaktion so stark, dass sie uns wie Naturgesetze scheinen, obwohl sie dies natürlich nicht sind? Wenn Sie erst einmal begonnen haben, Ihre Aufmerksamkeit auf die Vielfältigkeit der Handlungsformen bzw. die stetige Wiederholung der immer gleichen Abläufe zu richten, werden Sie zunehmend mehr unausgesprochene Regeln entdecken und eine ausgeprägte Sensibilität für verpflichtende Verhaltensmuster und Erwartungshaltungen entwickeln.

Von diesem Punkt aus fangen Sie an, diejenigen Programme zu identifizieren, die einen repressiven Charakter aufweisen und Sie in Ihrer Freiheit einschränken. Eine gute Methode hierfür ist, darauf zu achten, welches Verhalten anderer Menschen Sie regelmäßig ärgert. Nicht selten verbirgt sich dahinter ein Groll über den immer gleichen Verstoß gegen ein Programm. Treibt es Sie beispielsweise in den Wahnsinn, wenn jemand am Tisch nicht still sitzt? Das ist sicherlich auf ein Programm zurückzuführen, das Sie so internalisiert haben, dass jede Befolgung positiv, jede Abweichung davon negativ bewertet wird. Mit dem Ärger einher geht die Forderung, dass sich andere Menschen gefälligst an die Regeln zu halten haben. Es ist geradezu eine Unverschämtheit, wenn sie dies nicht tun. Denken Sie nach: Was ist es, das Sie immer und immer wieder zur Weißglut bringt? Identifizieren Sie das Programm, dann können Sie aktiv eine Strategie entwickeln, sich davon nicht mehr negativ beeinflussen zu lassen. Nehmen wir beispielsweise an, Sie ärgern sich regelmäßig darüber, dass ein Freund jedes Mal zu spät zum vereinbarten Treffen kommt. Sie dagegen sind stets pünktlich. Menschen haben pünktlich zu Verabredungen zu erscheinen! Das gehört sich so! Sie erkennen in einem ersten Schritt, dass Sie einem gesellschaftlichen Programm erliegen. Wären Sie in einem südlicheren Teil Europas aufgewachsen, besäßen Sie bereits ein anderes Verständnis von vereinbarten Uhrzeiten, und es wäre ganz normal, dass sie beide ein bis zwei Stunden später eintreffen. In Indien würden Sie sogar mit Leichtigkeit ein oder zwei Tage später ankommen, unser strikt durchgeplantes Zeitverständnis löst dort nur Verwunderung aus. Bei Verabredungen auf dem Subkontinent wurde ich nicht selten lächelnd daran erinnert, nicht zu vergessen, dass man sich zur »Indian time« treffen würde, was eine ausgesprochen gedehnte

Interpretation der besprochenen Uhrzeit bedeutet. Das Bedürfnis nach penibler Pünktlichkeit entspringt folglich nicht Ihrem Innersten, sondern der Kultur, der Sie angehören. Haben Sie, wie in dem Beispiel mit dem unpünktlichen Freund, in einem ersten Schritt das Programm identifiziert und sind darüber hinaus zu dem Schluss gelangt, dass sich dieses Programm negativ auf Ihr Wohlbefinden auswirkt, was können Sie tun? Die Antwort ist einfach: Sie verändern Ihr eigenes Verhalten. Versuchen Sie nicht, das Verhalten Ihres Freundes zu korrigieren. Abgesehen davon, dass so gut wie alle Versuche, andere Menschen zu ändern, zum Scheitern verurteilt sind, ist es keinesfalls Ihre Aufgabe, Ihrem Freund die Programme dieser Gesellschaft anzuerziehen. Sie sind nicht die Sittenpolizei, die vom hohen Ross herunter dafür zu sorgen hat, alle von der Spur abweichenden Menschen wieder in den Strom einzugliedern. Auch wenn sich viele Menschen genau dazu berufen zu fühlen scheinen, es ist erstens nicht Ihre Aufgabe, und zweitens macht es keinen Spaß. Das Leben ist zu kurz und kostbar, um sich mit derartigen Banalitäten aufzuhalten. Wenn Sie etwas verbessern wollen, ändern Sie lieber Ihr eigenes Verhalten. Sie wollen nicht mehr auf Ihren Freund warten? Kommen Sie künftig ebenfalls zu spät, sodass sie beide gleichzeitig eintreffen. Versuchen Sie nicht, anderen die Befolgung von Programmen aufzuzwingen. Wenn Ihnen etwas unangenehm ist, passen Sie Ihr eigenes Verhalten so an, dass Sie mit der jeweiligen Situation zufrieden sind. Sie müssen sich nicht jede Regel aufzwingen lassen und sich über jede Abweichung ärgern. Nutzen Sie stattdessen die vielfältigen Möglichkeiten und probieren Sie neue Verhaltenswege. Sie können Schwierigkeiten mit schwerer Rüstung und unter Inkaufnahme eigener Schmerzen frontal niederwalzen oder Hindernissen einem Schattenkrieger gleich blitzschnell ausweichen und lautlos und geschmeidig daran vorbeigleiten.

Ähnelt ein Programm, das Sie als Hindernis identifiziert haben, weniger einem einzelnen gegnerischen Posten, sondern eher einer gewaltigen Festung, dann entwickeln Sie eine langfristige Strategie und beweisen Sie Ausdauer. Nehmen wir das bereits beschriebene Anti-Fehler-Programm als Beispiel. Es ist in fast allen von uns wirksam und so fest verankert, dass es zahllose Entfaltungsmöglichkeiten unterschiedlicher Lebensbereiche drastisch beschränkt. Dieses Programm lässt sich nicht über Nacht deaktivieren. Gleichwohl können Sie diese Einschränkungen hinter sich lassen. Wenn Sie selbst Gestalter Ihres Lebens sind, Herausforderungen entgegentreten, sich auf Neues einlassen und dazulernen, werden Sie zwangsläufig Fehler machen. Das ist Teil jedes Fortschritts. Lernen Sie, produktiv mit Fehlern umzugehen, und eine Vielzahl Entwicklungsmöglichkeiten steht Ihnen offen. Aber um von Fehlern zu profitieren, müssen Sie auch rausgehen und welche machen.[79] Da Sie erwachsen sind, sind Sie selbst, falls das Anti-Fehler-Programm bei Ihnen aktiv ist, mittlerweile Ihr schärfster Kritiker. Die Stimme in Ihrem Kopf wird Sie erbarmungslos für jede Verfehlung schelten. »Du hast es mal wieder verbockt!«, »Typisch, das war so klar, dass ich das nicht hinkriege!«, »Ich lerne es nie!«. Kommen Ihnen diese Sätze bekannt vor? Beginnen Sie darauf zu achten: Wann hören Sie Ihren inneren Kritiker, wann beginnt Ihr Ego, Sie selbst kleinzureden? Wie hört sich die Stimme an? Wütend, genervt, enttäuscht oder traurig? Beobachten Sie sie. Zuerst wird es Ihnen nur im Nachhinein auffallen. Im Rückblick auf ein Erlebnis bemerken Sie, dass Ihr innerer Kritiker mal wieder zugegen war. Je aufmerksamer Sie sind, desto kürzer werden die Abstände, bis Sie den Kritiker schließlich auf frischer Tat ertappen können. Jetzt gilt es, ihn mittels List und Ausdauer unschädlich zu machen. Eine mögliche Methode dazu beschreibt der britische Hypnotiseur Paul McKenna.[80]

1. Halten Sie einen Moment inne und hören Sie zu, wie Sie zu sich selbst mit der kritischen Stimme sprechen, sich all die Beleidigungen in unfreundlicher Tonlage vorwerfen.
2. Dann achten Sie darauf, woher genau diese Stimme kommt. Spricht Sie vom Inneren Ihres Kopfes aus oder von außerhalb? Kommt sie von vorn, von der Seite oder von hinten?
3. Strecken Sie Ihren Arm aus und richten Sie den Daumen nach oben.
4. Wo auch immer Sie die kritische Stimme lokalisiert haben, bewegen Sie sie hinunter zu Ihrem ausge-

streckten Arm, lassen Sie sie daran entlanglaufen bis hin zur Spitze Ihres Daumens, sodass die Stimme jetzt von dort aus zu Ihnen spricht.

5. Als Nächstes verändern Sie die Stimme. Verlangsamen Sie sie, als würden Sie bei einem Schallplattenspieler die Geschwindigkeit reduzieren, oder lassen Sie sie sexy klingen oder in der Tonlage von Mr Bean.

Mit dieser Methode verliert der innere Kritiker sein Bedrohungspotential und seine Macht über Sie.

Daneben bestehen noch viele weitere Möglichkeiten, Ihrem inneren Kritiker Einhalt zu gebieten. Denken Sie sich beispielsweise ein Mantra aus, das Sie sich immer wieder vorsagen, sobald der innere Kritiker auftaucht, etwa »Wieder eine Gelegenheit dazuzulernen!« Oder Sie denken an ein Vorbild, das trotz oder gerade wegen zahlreicher Fehler Erstaunliches vollbracht hat. Thomas Edison musste unzählige Rückschläge hinnehmen, bis er die Glühlampe erfunden hatte. Als er gefragt wurde, wie er mit seinem Versagen umging, antwortete er: »Ich habe nicht versagt. Ich habe mit Erfolg zehntausend Wege entdeckt, die zu keinem Ergebnis führen.« Er lebte nach seinem Leitsatz: »Erfolg ist ein Gesetz der Serie, und Misserfolge sind Zwischenergebnisse. Wer weitermacht, kann gar nicht verhindern, dass er irgendwann auch Erfolg hat.« Die Geschichte ist voll von Menschen, die Großes vollbracht haben, weil sie sich nicht ihrem inneren Kritiker gebeugt haben. Thomas J. Watson, um nur ein weiteres Beispiel zu nennen, der Gründer von IBM, sagte einmal:

> »Sie wollen von mir die Formel für Erfolg? Es ist recht einfach, wirklich. Verdoppeln Sie einfach die Anzahl Ihrer Fehlschläge. Sie glauben, Fehlschläge seien der Feind des Erfolgs. Aber das sind sie keineswegs. Sie können durch Fehlschläge entmutigt werden, oder Sie können daraus lernen. Gehen Sie los und machen Sie Fehler. Machen Sie so viele Fehler, wie Sie können. Denn das ist der Weg, der Sie langfristig zum Erfolg führen wird.«[81]

Was Sie tun, um Ihr Anti-Fehler-Programm zu deinstallieren, spielt keine Rolle. Wichtig ist, dass Sie etwas dagegen tun. Denn dieses Programm bremst Sie aus, hält Sie im Status Quo gefangen und verhindert Ihre Entwicklung. Sie sind es, der die Kontrolle über Ihr Leben in den Händen hält. Sie sind es, der darüber bestimmt, ob Sie Ihr Leben in Angst vor Fehlern verbringen oder ob Sie sich von Missgeschicken anspornen lassen und sich ehrgeizig auf Neues stürzen. Das Leben ist ein riesiges Abenteuer – durchbrechen Sie das Paradigma falscher Meinungen und unnützer Programme und stürzen Sie sich mitten ins Vergnügen, die Freiheit zu entdecken.

Paradigma des Opferdaseins Das Kleine-weiße-Häschen-Syndrom

»Das Leben besteht nicht daraus, gute Karten zu haben, sondern mit denen, die du hast, gut zu spielen.«
Josh Billings

Wenn etwas nicht gelingt oder nicht so leicht gelingt wie geplant, dann ist die verbreitete Reaktion, sich auf den Sessel der Machtlosigkeit zu werfen und mit dem ausgestreckten Finger auf andere zu zeigen. »Wenn diese Abteilung ihre Arbeit richtig machen würde …«, »Sie lässt mir keine Wahl mit ihrem Verhalten …«, »Unter diesen Bedingungen hat man doch nicht den Hauch einer Chance …« usw. Diese Sätze klingen so alltäglich, dass uns gar nicht mehr auffällt, was eigentlich dahintersteckt: dass nämlich andere für unsere Probleme verantwortlich gemacht werden. Ich nenne es das Kleine-weiße-Häschen-Syndrom. Begibt man sich selbst in die Rolle des machtlosen Opfers, erzählt man damit sich und der Welt, man sei klein und hilflos und habe im Angesicht der vielen Wölfe ohnehin keine Chance. Da kann man gleich sitzen bleiben und mit großen Kulleraugen darauf warten, gefressen zu werden. Welche Folgen sind damit verbunden? Und wie kann es dazu kommen, dass man freiwillig alle Macht von sich weist?

Die folgenden Ausführungen, das sei in aller Deutlichkeit angemerkt, beziehen sich auf das verbreitete, alltäglich zur Schau gestellte Opferdasein. Sie beziehen sich nicht auf Opfer von Gewalttaten, schwerer Traumatisierungen oder posttraumatische Belastungsstörungen. Zwischen dem subjektiven Eindruck, ein Opfer widriger Lebensumstände zu sein, die sich aber im Normalbereich bewegen, und Personen, die gravierende physische oder psychische Verletzungen erfahren haben, muss klar unterschieden werden. Das vorliegende Buch befasst sich ausschließlich mit der alltäglichen Form des Opferdaseins.

Die Verantwortung auf andere zu schieben und sich selbst in machtloser Position, eben der des weißen Häschens, zu wähnen ist eines der am meisten unterschätzten Paradigmen, das sich zwischen uns und die Welt legen kann. Obwohl es das Verbreitungsmuster eines hochgradig ansteckenden Virus besitzt und in weiten Teilen der Bevölkerung erbarmungslos wütet, nimmt kaum jemand bewusst Notiz davon. Genau das macht es so gefährlich. Die Wahrnehmung, ein Opfer zu sein, gleicht einem dunklen Tuch, das sich um uns legt und jede Lebenslust zu ersticken droht. Je länger wir unter diesem Schleier aus Hilflosigkeit und Selbstmitleid stecken, desto ferner erscheint uns die Möglichkeit, jemals frei davon sein zu können. Wir nehmen ihn mehr und mehr als unsere zweite Haut wahr und verkennen, dass es sich um einen Mantel handelt, den wir uns selbst übergezogen haben – und den wir selbst auch wieder ausziehen können.

Sich als Opfer zu fühlen ist so verbreitet, dass es als gesellschaftlich akzeptierte Normalität eine Vielzahl individueller, sozialer und politischer Bereiche durchdringt. Die Nachbarin von nebenan ist das Opfer ihres Mannes, der, wie sie jedem erzählt, ihr niemals im Haushalt hilft und noch dazu ständig seine Abende in der Kneipe verbringt. Der Kollege ist das Opfer seines unfähigen und ausbeuterischen Chefs, der keine Ahnung von Betriebsführung hat und die Belegschaft zu Überstunden zwingt. Die Bekannte ist das Opfer ihrer Mutter, die einfach nicht aufhört, sich in ihr Leben einzumischen. Die Liste an Beispielen ließe sich endlos fortsetzen. Auch weil dieses Spiel nicht nur von zwei Personen, sondern auch hervorragend von zwei Gruppen von Personen gespielt werden kann. So sind die Konsumenten Opfer raffgieriger Großkonzerne, die ihnen ungewollte Lebensmittel aufzwingen. Gentechnisch verändertes Gemüse, hormonverseuchtes Fleisch aus Massentierhaltung, pestizidbelastetes Obst und Fertiggerichte so voller Chemikalien, dass sich die Zutatenliste wie ein Periodensystem liest – der Konsument leugnet seine eigene Macht und sieht sich als hilflose Puppe an den Fäden globaler Großunternehmen. Ganz ähnlich verhält es sich mit der Regierung, die, welche Parteien ihr auch immer gerade angehören, keinen anderen Zweck als die sadistische Quälerei der Bevölkerung im Sinn zu haben scheint. Die Verbreitung des Gefühls, selbst das Opfer zu sein, ist so weit fortgeschritten, dass sich häufig sogar beide Seiten als Opfer wahrnehmen müssen, um überhaupt noch Opferrollen ergattern zu können. So empfindet sich die Firmenleitung als Opfer der aufmüpfigen und faulen Belegschaft, die Belegschaft wiederum empfindet sich als Opfer der ausbeuterischen und raffgierigen Firmenleitung. Die Ehefrau sieht sich als Opfer mangelnder Achtung und Wertschätzung durch ihren Mann und zieht sich zurück. Der Ehemann fühlt sich als Opfer seiner Frau, die all seine Bemühungen, auf sie zuzugehen, zurückweist. Bevölkerungsmehrheiten fühlen sich von den Interessen der Minderheiten im Land bedroht, die Bevölkerungsminderheiten sehen sich von der jeweiligen Mehrheit drangsaliert. Auf internationalem Parkett verhält es sich nicht besser. Fast jede Nation fühlt sich als Opfer mindestens eines Nachbarn, wobei zusätzlich in Abhängigkeit des aktuellen Stimmungstrends meist eine gewisse Einigkeit darüber herrscht, welcher Nation die Rolle des Groß-Buhmanns zukommt, der gleich alle anderen auf einmal unterdrückt. Selbst bei Staatengemeinschaften, die politisch und ökonomisch aufs Engste verbunden sind wie die Europäische Union, ist das Gefühl ungerechter Benachteiligung durch das vermeintlich stärkere Gegenüber verbreitet. So fühlen sich die deutschen Bundesbürger nicht selten als Opfer europäischer Verordnungen, die ihnen von den Institutionen der Europäischen Union bzw. ihren übrigen Mitgliedern aufgezwungen wurden. Die übrigen Mitgliedsländer aber empfinden sich als Opfer des bevölkerungs- und wirtschaftsstarken Schwergewichts Deutschland, das die eigenen Interessen gnadenlos durchzusetzen vermag. Die Liste ließe sich endlos fortführen. Sobald man den Verbreitungsgrad der Opferrolle bewusst betrachtet, springt einem die Tragik und Absurdität dieses Spiels ins Auge: Die Welt ist voller weißer Häschen.

Aber nicht nur zwischen zwei Menschen und zwei Gruppen von Menschen kann das Paradigma des Opferdaseins aktiv sein, es kann auch im individuellen Bereich wüten. Hier erfreut sich vor allem das Muster der sozialen Herkunft großer Beliebtheit. Ich leide darunter, nicht als Kind wohlhabender Eltern geboren zu sein. Hätte ich nur die Möglichkeiten eines finanziell vermögenden Hauses besessen, befände ich mich heute in einer völlig anderen, glücklicheren Lebenssituation. Ich leide darunter, nicht als Kind einer harmonischen und intakten Familie geboren zu sein. Mit diesen Ausgangsbedingungen wurde es mir unmöglich gemacht, ein leichtes und erfülltes Leben zu führen … usw. Beginnt man erst einmal damit, nach der Verbreitung der Opferrolle Ausschau zu halten, reißt der Strom der Entdeckungen nicht mehr ab. Ständig und überall sieht sich jemand als Leidtragender. Und diesen Eindruck machen sie keineswegs in aller Stille mit sich selbst aus. Im Gegenteil: Kaum etwas wird so häufig und ausführlich kommuniziert wie das Thema des erlebten Übels oder der ungerechten Umstände. Nicht wenige führen derartige Geschichten in epischer Breite und in endlosen Wiederholungen aus, ohne auch nur im Mindesten an einer ernsthaften Hilfestellung interessiert zu sein. Darum geht es nämlich meist gar nicht. Die Darstellung der eigenen Opferrolle steht im Zentrum, was andere darüber denken ist – außer sie bekräftigen das Opferbild – sekundär. Selbstverständlich gilt hier, eine klare Trennung zu ziehen zwischen Gesprächen, in denen tatsächlich Rat gesucht wird, und Gesprächen, die lediglich zum Ziel haben, ein bestimmtes Bild zu vermitteln. Personen, die eine problematische Lage schildern, da sie darauf hoffen, vom Gegenüber einen Lösungsweg aufgezeigt zu bekommen, ist Respekt zu zollen. Ein solches Vorgehen zeugt von Intelligenz und Problemlösungskompetenz. Nicht selten jedoch findet man sich in Gesprächen wieder, bei denen es keineswegs darum geht, Unterstützung zu erhalten, sondern stattdessen ein Theaterstück aufgeführt wird, bei dem der Hauptdarsteller die Zuschauer davon zu überzeugen sucht, was für ein armer Hund er doch ist. Gelegentlich stehen ihm Nebendarsteller zur Seite, die ihn bei diesem Vorhaben unterstützen, indem sie regelmäßig beipflichten und besonders dramatische Elemente noch unterstreichen. Sicherlich kommt Ihnen diese Beschreibung nicht fremd vor, und Sie können sich an Situationen erinnern, in denen ein derartiges Schauspiel stattgefunden hat. Nicht selten kommt es dabei zu einer Art Wettstreit, und die Gesprächsteilnehmer ereifern sich geradezu darin, einander mit immer noch schlimmeren Erfahrungen zu übertreffen. Das Ganze erzeugt eine negative Sogwirkung, und die Gesprächsteilnehmer fokussieren immer stärker die negativen Elemente der eigenen Lebenserfahrung, ja sie suchen geradezu danach. Mit Abstand betrachtet wirkt dieses Verhaltensmuster geradezu grotesk.

Wie aber kommt es dazu, dass wir uns gerne in die Rolle des weißen Häschens begeben? Und wie wirkt es sich auf uns aus, wenn sich andere als Opfer aufführen oder wenn wir selbst uns als Opfer sehen? Die schlechte Nachricht ist, dass der Eindruck, ein Opfer zu sein, zweifellos Leid erzeugt. In Anbetracht der Verbreitung der Opferrolle ist es erstaunlich, dass sich die Gesellschaft diesem Thema nicht ausgiebiger widmet. Den meisten Menschen scheint im Gegenteil noch nicht einmal bewusst zu sein, dass es dieses Denkmuster gibt. Aber wer eine Landschaft nur durch Gitterstäbe sieht, hält die Gitterstäbe für einen Teil der Landschaft. Und die Paradigmen des Opferdaseins sind genau das: Gitterstäbe, die die Welt einengen. Rekapitulieren Sie eine Situation, in der Sie sich als Opfer wahrnahmen – wie haben Sie sich gefühlt? Sicherlich nicht kraftvoll und mutig. Sie werden sich vielmehr klein und hilflos vorgekommen sein. So als arbeite die Welt gegen Sie, und Sie hätten keine Chance, das über Sie hereinbrechende Unglück abzuwehren. Je nach Veranlagung wurden Sie wütend und wollten um sich schlagen oder verspürten Schwermut und den Wunsch, sich in eine dunkle Ecke zu kauern. In jedem Fall aber fühlten Sie sich schlecht. Denn Leid geht mit dem Opferdasein so zwangsläufig einher wie Wasser mit Regen. Es liegt auf der Hand, warum es erstrebenswert ist, sich dieses Paradigmas zu entledigen. Es macht passiv, klein und hilflos – Attribute, die einem erfüllten und kraftvollen Leben klar entgegenstehen. Zu allem Überfluss raubt es unserem Leben Verantwortung und Selbstbestimmung. Indem wir uns in die Rolle eines Opfers begeben, proklamieren wir, die Spielbälle anderer Mächte zu sein. Wir geben die Verantwortung für unser Leben ab, und dann beschweren wir uns, warum nichts so läuft, wie wir es wollen.

Das Muster durchbrechen
Wie Sie Ihre Freiheit zurückerobern

Aus der Opferrolle auszusteigen bedeutet, wieder die Kontrolle über das eigene Leben auszuüben, die passive, wehrlose Position zu verlassen und in ein aktives selbstverantwortliches Leben einzutreten. Erkenntnisse der Psychologie erweisen sich hierbei als nützlich. In einem ersten Schritt wird ein Konzept der Transaktionsanalyse, das Drama-Dreieck, vorgestellt. Das Bild dieses Dreiecks trägt wesentlich dazu bei, dass wir die Zusammenhänge und Mechanismen dieser Rolle besser verstehen. Je aufmerksamer wir für die Mechanismen der sozialen Interaktion werden, desto weniger sind wir gezwungen, uns ihnen zu unterwerfen. Wir werden zugleich feinsinniger und selbstbestimmter, wenn wir erkennen, welche Automatismen sich unser bemächtigen wollen. In einem zweiten Schritt werden konkrete Methoden vorgestellt, die dabei helfen, sich der eigenen Opferrolle zu entledigen. Die Energie, die uns das Selbstmitleid entzogen hat, können wir zurückgewinnen und für die Bewältigung von Herausforderungen und die Verfolgung eigener Zielen einsetzen. Denn wir haben die volle Entscheidungsfreiheit, entweder ein wehrloses Opfer zu sein oder ein aktiver, selbstbewusster Mensch.

Das Drama-Dreieck wurde 1968 von dem kalifornischen Psychologen Stephen Karpman entwickelt, um menschliche Verhaltens- und Beziehungsmuster zu beschreiben. Demnach gibt es in einer Opfersituation klassischerweise drei Rollen: das Opfer, den Verfolger und den Retter.

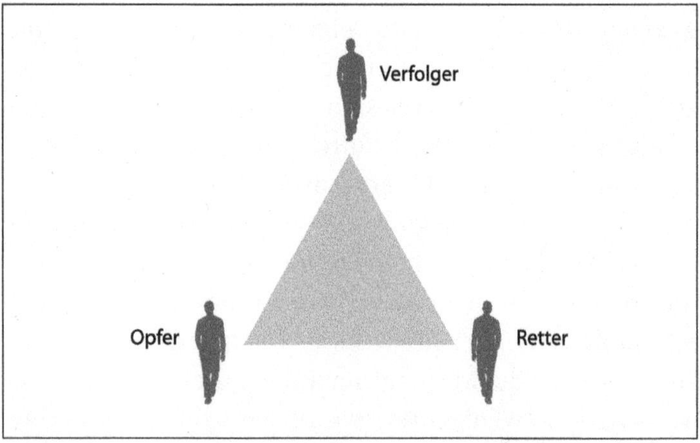

Das Grundgefühl des Verfolgers ist die Anklage. Er oder sie droht, demütigt, kritisiert und schüchtert ein. Typische Aussagen sind etwa »Es ist deine Schuld, dass …«, »Schon hundertmal habe ich gesagt …«

Das Opfer hingegen wird von dem Grundgefühl der Hilflosigkeit bestimmt. Es sucht nach Erklärungen und Ausreden und bittet um Gnade. Typische Opferaussagen sind »Ich kann nichts dafür …«, »Ich habe ja alles versucht, aber …«, oder »Ich kann das nicht …«.

Der oft übersehene Retter will gebraucht werden, sein Grundgefühl ist die Selbstgerechtigkeit. Er oder sie steht dem Opfer tröstend zur Seite und gibt gut gemeinte Ratschläge. Der Retter bestärkt das Opfer in seiner Rolle und verurteilt mit ihm gemeinsam den Täter. Typische Aussagen sind etwa »Du bist wirklich arm dran …«, oder »Mach doch …«.

Alle drei Beteiligten ziehen einen Nutzen aus ihrer Rolle: Der Verfolger hat das Gefühl, die alles entscheidende Person zu sein. Das Opfer muss keine Verantwortung übernehmen. Der Retter weiß, dass er gebraucht wird, und kann sich so über andere erheben. Sobald ein Individuum eine dieser drei Rollen einnimmt, lädt es seine Mitmenschen unausgesprochen dazu ein, die anderen Rollen auszufüllen.

Zu betonen ist, dass die Teilnehmer ihre Rollen unbewusst einnehmen. Alle, Täter, Opfer und Retter, fühlen sich unfreiwillig in die Geschehnisse hineingezogen. Sie stecken so tief in dem Beziehungsgefüge, dass ihnen die Möglichkeit eines Ausstiegs nicht einmal bewusst ist. Sie alle haben den Eindruck, dass ihnen keine andere Wahl bleibt, als sich so zu fühlen, wie sie es tun, und sich so zu verhalten, wie sie es tun.

Ein entscheidendes Element des Drama-Dreiecks ist, dass die Personen zwischen den verschiedenen Rollen hin und her wechseln können, das heißt, das Opfer kann zum Verfolger werden, der Verfolger zum Opfer usw. Auch der Wechsel zwischen verschiedenen Rollen geschieht nicht willentlich, eher werden die Personen unbewusst in verschiedene Ecken des Dreiecks geschoben. Stellen Sie sich zur Veranschaulichung folgendes Beispiel vor (es kann selbstverständlich genauso gut mit umgekehrten Geschlechterrollen erzählt werden):

Markus betrügt seine Frau Laura, die sich deshalb bei ihrer Freundin Simone ausweint. Markus ist der Verfolger, Laura das Opfer und Simone die Retterin. Nach einigen Wochen versöhnen sich Markus und Laura wieder. Simone allerdings kann nicht verstehen, wie sich Laura – nach allem, was ihr angetan wurde – wieder auf ihren Mann einlassen kann. Jetzt gerät Simone in die Rolle des Verfolgers und Markus in die Rolle des Opfers: Er sieht sich angegriffen von Simone, die scheinbar danach trachtet, seine Beziehung zu zerstören. Laura wiederum gerät jetzt in die Rolle der Retterin, sie versucht ihren Mann vor Simone zu schützen und stellt die Freundschaft zu ihr in Frage.

Personen können also von einer Position des Drama-Dreiecks in eine andere geraten, wobei dies von keiner Seite aus mit Absicht geschieht. Auch verspürt niemand Freude an seiner Rolle, alle fühlen sich ungewollt in die Entwicklungen hineingezogen. Die einzelnen Positionen sind beweglich, und sie spiegeln nicht immer die Empfindungen der Teilnehmer. Gelegentlich fühlt sich derjenige als wehrloses Opfer, der die größte Macht ausübt und am meisten über das Verhalten der anderen bestimmen kann. Nicht selten empfindet sich auch der Verfolger als das eigentliche Opfer, dem quasi in Notwehr nur noch das aggressive Verhalten als letzter Ausweg gelassen wird.

Wenn Sie entdecken, dass Sie selbst eine der genannten Rollen in einem Drama-Dreieck einnehmen, dann beschließen Sie bewusst, nicht mehr mitzuspielen. Sie bestimmen darüber, ob Sie sich in das Drama einspinnen lassen oder nicht. Und Sie besitzen die Kraft, das Drama zu verlassen. Stellen Sie sich dazu immer wieder bildlich vor, wie Sie einen Schritt aus diesem Dreieck hinaus machen. Vermeiden Sie die typischen Sätze Ihrer Rolle in diesem Spiel und versuchen Sie stattdessen, die Sätze gedanklich ins Gegenteil zu drehen. Statt zu sagen »Du bist schuld«, sagen Sie »Ich bin schuld«. Statt zu sagen »Es gibt keine Möglichkeit für mich«, sagen Sie sich gedanklich »Mir stehen jede Menge Möglichkeiten offen«. Dabei spielt es keine Rolle, ob Sie das auch glauben. Drehen Sie die Sätze so oft ins Gegenteil um und steigen Sie so oft in Gedanken aus dem Dreieck aus, bis Sie merken, wie Sie sich davon lösen. Aufwühlende Emotionen beruhigen sich, und das Dreieck rückt in immer weitere Ferne. Sie werden wieder frei, so zu handeln, wie Sie selbst es wollen, und sind nicht mehr nur an die engen Möglichkeiten gebunden, die das Beziehungsnetz Ihnen lässt.

Darüber hinaus gibt es weitere praktische Methoden,

die dabei helfen, die Fesseln des Opfergefühls abzustreifen. Manchmal genügt es schon, sich nur bewusst zu machen, dass man gar kein Opfer ist und dass man sich dazu entschließen kann, keines zu sein. Manchmal aber ist man tiefer in eine Situation verstrickt, und es ist hilfreich, die folgenden Tricks anzuwenden, um sich schneller aus der kraftlosen Ecke zu befreien.

1 Innere Haltung

Für Menschen, die den Eindruck haben, sehr schnell in ein Drama-Dreieck hineinzugeraten, und die sich im Rückblick immer wieder in kleineren Opferrollen entdecken, kann es sinnvoll sein, die innere Haltung anders auszurichten. Mit Training kann es gelingen, dass sich das Reaktionsmuster der Hilflosigkeit immer später aufbaut. Die innere Haltung lässt sich stärken wie ein Muskel. Ist sie erst mal gekräftigt, gerät man sehr viel seltener überhaupt erst in die Opferrolle hinein. Zwei Tierbilder können hierbei nützliche Trainingsgeräte sein:

Die aggressive Hyäne

Irrtümlicherweise gehen vermeintliche Opfer davon aus, der Verfolger, z.B. der brüllende Vorgesetzte oder die gehässig meckernde Nachbarin, agiere von einer Position der Stärke aus. Nach dem Motto »Ein Löwe, der so laut brüllt, muss auch groß und stark sein«, zuckt das Opfer vor der deutlich zur Schau getragenen Aggression zusammen. Das

Opfer unterliegt hier allerdings einem Trugbild. In Wirklichkeit brüllt nämlich kein Löwe, sondern eine ausgemergelte Hyäne, der außer ihrer Stimme und ein paar abgewetzter Krallen nichts weiter geblieben ist. Richtet ein Mensch Wut und Zorn gegen andere, tut er das nicht von einer Position der Stärke, sondern im Gegenteil von einer Position der Schwäche aus. Er projiziert die eigene Minderwertigkeit nach außen, um sie nicht als Teil seiner selbst wahrnehmen zu müssen. Wie der Dichter Rainer Maria Rilke es formuliert: »Vielleicht ist alles Schreckliche im tiefsten Grunde das Hilflose, das von uns Hilfe will.«

Aggressivität schließt das eigene Glück aus. Niemand, der mit sich und der Welt in Einklang ist, hat auch nur das leiseste Bedürfnis, andere zu verletzen. Eine glückliche Person greift andere Menschen nicht an. Das ist gar nicht möglich. Stellen Sie sich vor, Sie haben wirklich gute Laune und sollen plötzlich eine Person gemein beschimpfen. Alles in Ihnen wird sich dagegen sträuben. Sie wollen niemanden beleidigen, Sie sind viel zu zufrieden mit sich und der Welt, um das nötig zu haben. Aggressivität geschieht immer nur von einer Position der Schwäche und des Unglücks aus. Es ist die verzweifelte Reaktion eines Menschen, dessen Selbstwertgefühl so klein ist, dass er mit aller Macht vorgeben muss, es sei riesig, um überhaupt noch etwas davon mitzubekommen. Wenn Sie sich das nächste Mal einer aggressiven Person gegenübersehen, die verzweifelt darum bemüht ist, Sie zum Opfer zu machen, nur damit sie sich selbst als starken Aggressor erleben kann, dann denken Sie an die ausgemergelte Hyäne in ihr und tätscheln dem armen Tier gedanklich den Kopf.

Frosch oder Adler

Der amerikanische Psychologe und Coach Dr. Wayne Dyer hat die Entscheidung, wie wir auf eine Situation innerlich reagieren, einmal trefflich als die Entscheidung beschrieben, entweder ein Frosch oder ein Adler zu sein. Der Frosch fängt bei Schwierigkeiten an zu quaken, er jammert, meckert und lamentiert. Klein und glitschig fühlt er sich der großen gefährlichen Welt hilflos ausgeliefert. Stößt hingegen der Adler auf Schwierigkeiten, schwingt er sich mit kraftvollen Flügelschlägen hoch in die Luft und hält nach Lösungsmöglichkeiten Ausschau. Er vertraut auf seine Stärke und sucht nach einem Weg, wie er die dargebotene Herausforderung bewältigen kann. Wenn Sie sich das nächste Mal in einer schwierigen Situation befinden und gerade damit anfangen wollen, ihr Schicksal zu bedauern, halten Sie einen Moment lang inne und überlegen Sie, ob Sie wirklich der Frosch sein wollen oder nicht doch lieber der Adler.

2 Proaktiv handeln

Der Königsweg zum Abstreifen des Opferdaseins besteht darin, aktiv zu handeln. Wenn man erlebt, wie bewegungsfähig und stark man sein kann, löst man sich schnell und wirkungsvoll aus der angestammten starren Rolle. Es geht dabei nicht darum, die perfekte Lösung für ein Problem zu kennen, sondern darum, proaktiv nach vorn zu gehen. Die Richtung des Weges kann später immer noch geändert werden, zentral für das Vorankommen ist, dass man sich überhaupt in Bewegung setzt. Ist ein Schiff erst mal mit gesetzten Segeln auf hoher See, kann es beliebig oft den Kurs wechseln. Dümpelt es stattdessen festgetaut im Hafen, wird es sicher niemals irgendwo ankommen. Aktiv handeln bedeutet, dass ich nach Handlungsmöglichkeiten Ausschau halte und diese ergreife. Ich muss nicht schon den ganzen Weg vor Augen haben. Wie Laotse schon im 6. Jahrhundert v. Chr. sagte: »Auch der längste Weg beginnt mit einem ersten Schritt«. Selbst wenn Sie lediglich eine sehr kleine Möglichkeit sehen vorwärtszugehen und Ihnen der Rest des Weges verschlossen bleibt, nutzen Sie diese eine Möglichkeit und gehen Sie diesen ersten Schritt. Der Rest des Weges wird sich nach und nach auftun. Verändern Sie, was Ihnen nicht gefällt. Wenn die Bedingungen schlecht sind, dann ändern Sie die Bedingungen. Durch proaktives Handeln geraten Sie automatisch in eine Aufwärtsströmung: Je häufiger Sie handeln und gestalten, desto seltener fühlen Sie sich hilflos und desto weniger werden Sie in Situationen geraten, die Sie kaum steuern können. Der Einflussbereich Ihres Lebens wird sich dramatisch vergrößern. Um Sie herum werden sich immer mehr Chancen und Gelegenheiten auftun. Sie werden mutiger und meistern Herausforderungen spielerisch, vor denen Sie vor nicht allzu langer Zeit noch angstvoll zurückgeschreckt wären. Nehmen Sie das Spiel in Ihre Hand, und Sie werden alles sein, nur kein Opfer mehr.

3 Aktiv annehmen

Es gibt Auslöser für Opferempfinden, die in der Vergangenheit liegen, weshalb die Erlebnisse selbst nicht mehr zu ändern sind. Hier besteht der Weg aus der Opferrolle darin, diese Erlebnisse aktiv anzunehmen. Das hat nichts damit zu tun, alles Vergangene gutzuheißen oder den Verfolger von seiner Verantwortung freizusprechen. Es hat auch nichts mit passiver Resignation zu tun, ganz im Gegenteil. Aktiv annehmen heißt, sich bewusst dafür zu entscheiden, die Situation so zu akzeptieren, wie sie ist, und mit ihr zu leben, sich damit zu versöhnen, dass dieses Ereignis Teil des eigenen Lebens ist. Etwas aktiv so anzunehmen, wie es ist, stellt einen großen und schwierigen Schritt dar, der nicht von vielen Menschen erfolgreich gegangen wird. Er gelingt leichter, wenn man sich trotz aller negativen Auswirkungen auch die positiven Seiten des Erlebnisses bewusst macht. Diese Bewältigungsstrategie des »Benefit-Finding« kann auf verschiedene Aspekte abzielen: So kann man aus einem widrigen Ereignis positive Elemente für die Persönlichkeitsentwicklung ziehen, eine Verbesserung der Beziehung zu bestimmten anderen Personen, eine erweiterte Lebensphilosophie oder die gewonnene Stärke, künftig besser mit derartigen Schwierigkeiten umgehen zu können. Psychologische Forschungen zeigen, dass Menschen, die Vorteile und einen gewissen Nutzen in Schwierigkeiten identifizieren können, diese Schwierigkeiten besser und schneller bewältigen. Sie zeigen auch, dass diese Menschen viel eher bereit sind, ihrem Verfolger zu vergeben,[82] was, wie wir oben gesehen haben, der Bewältigung einen noch stärkeren Schub nach vorn gibt. Suchen Sie also nach dem, was Sie durch den widrigen Umstand gewonnen haben. Akzeptieren Sie, dass es ist, wie es ist. Indem Sie das, was Ihnen in der Vergangenheit widerfahren ist, aktiv annehmen, können Sie wieder nach vorn schauen. Von Buddha ist ein in diesem Zusammenhang sehr treffender Satz überliefert: »An Ärger festzuhalten ist, wie ein glühendes Stück Kohle festzuhalten, um es nach jemandem zu werfen. Der Einzige, der sich dabei verbrennt, bist du selbst.«[83]

4 Verzeihen

Verzeihen bezeichnet den Prozess, die negativen Affekte gegen den Verfolger positiv zu verändern. Das ist keineswegs ein leichtes Unterfangen, aber eines, das bei Gelingen mit einem großen Zugewinn an Lebensfreude belohnt wird. Eine ganze Reihe psychologischer Studien konnte die positive Wirkung des Verzeihens nachweisen. Menschen, denen es gelingt, anderen zu verzeihen, leben gesünder, glücklicher und sind signifikant weniger anfällig für Depressionen.[84] Forscher vom Hope College in Michigan haben sogar herausgefunden, dass allein die Vorstellung des Verzeihens positive Effekte auf die physische Gesundheit mit sich bringt.[85] Sie baten Probanden, an Personen zu denken, die ihnen Schaden zugefügt und denen sie dies bisher nicht verziehen hatten. Die Probanden beschrieben das Aufkommen von Gefühlen wie Ärger und Wut, und ihre Pulsfrequenz und ihr Blutdruck stiegen deutlich an. Dann wurden die Probanden gebeten, an Personen zu denken, die ihnen ebenfalls Schaden zugefügt, denen sie aber verziehen hatten. Die Herzfrequenz verlangsamte sich augenblicklich, und der Blutdruck sank auf Normalzustand zurück.

Verzeihen bedeutet keinesfalls, dass ein Schaden akzeptiert, gebilligt oder verleugnet wird. Es geschieht in dem klaren Bewusstsein, dass der Verfolger voll und ganz verantwortlich ist. Es ist auch nicht mit Versöhnung zu verwechseln: Versöhnung beinhaltet die Wiederherstellung verletzten Vertrauens zwischen zwei Personen. Versöhnung schließt daher Verzeihen mit ein, aber Verzeihen muss nicht notwendigerweise Versöhnung beinhalten.[86]

Der Prozess des Verzeihens kann in vier Phasen unterteilt werden.[87]

1. *Aufdeckungsphase:* Die betroffene Person erkennt, auf welche Art und Weise die Verletzung das eigene Leben beeinflusst.
2. *Entscheidungsphase:* Die Person entschließt sich bewusst dazu, dem Verfolger zu verzeihen.
3. *Arbeitsphase:* Die Person versteht Schritt für Schritt,

dass sich der Verfolger nicht nur auf seine Tat reduzieren lässt. Die langwierige Entwicklung von Empathie für den Verfolger steht im Mittelpunkt der Arbeit. Die betroffene Person erfährt erste Vorteile des Verzeihens, zum Beispiel ein größeres Selbstwertgefühl und die Fähigkeit, ausgeglichener zu leben.

4. *Tiefgründige Phase:* Der betroffenen Person ist es gelungen, dem Verfolger zu verzeihen. Sie ist von der Last des inneren Grolls befreit und hat ein stabiles Wohlbefinden entwickelt.

Beim Verzeihen geht es also nicht darum, etwas für den Verfolger zu tun, sondern es geht darum, etwas für sich selbst zu tun. Wenn mir in der Vergangenheit etwas Schmerzliches widerfahren ist, das ich heute nicht mehr ändern kann, dann ist es mir nur durch aktives Annehmen oder noch besser durch aktives Verzeihen möglich, die Last des Opferdaseins abzuschütteln, um frei von Verbitterung, Zorn und Hass wieder in die Zukunft blicken zu können. Nelson Mandela soll einmal gefragt worden sein, wie es ihm nach all den schlimmen Erfahrungen seiner langen Gefangenschaft gelungen ist, seinen Gefängniswärtern zu verzeihen. Er soll geantwortet haben: »Als ich zum Gefängnistor hinausging, wusste ich, wenn ich diese Menschen weiter hasse, dann bleibe ich im Gefängnis!«[88]

Paradigma der externalen Kontrolle
Warum wir glauben, ohnmächtig zu sein

»In 20 Jahren wirst du mehr enttäuscht sein über die Dinge, die du nicht getan hast, als über die Dinge, die du getan hast. Also löse die Knoten, laufe aus dem sicheren Hafen. Erfasse die Passatwinde mit deinen Segeln. Erforsche. Träume.«

Mark Twain

Viele Menschen erleben, dass sie von den Wogen des Lebens hin und her geworfen werden. Sie fühlen sich den Geschehnissen um sich herum ausgeliefert. Personen, die mächtiger sind als sie selbst, beispielsweise Eltern, Vorgesetzte oder Politiker, sowie Zufall und Schicksal bestimmen den Kurs ihres Lebens. Die Psychologie bezeichnet ein solches Erleben als *externale Kontrollüberzeugung*. Sie liegt vor, wenn ein Individuum das Auftreten eines positiven oder negativen Ereignisses als unabhängig vom eigenen Verhalten erlebt. Die Kontrolle über die Ereignisse wird von einer externen Instanz, also nicht von ihr selbst, ausgeübt. Liegt das Gegenteil, eine *internale Kontrollüberzeugung*, vor, dann geht das Individuum davon aus, dass eigene Handlungen sehr wohl einen Einfluss auf die Ereignisse haben. Die Kontrolle liegt dann bei der Person selbst. Der englische Originalterminus *Locus of Control* fasst das Konzept besser als die deutsche Übersetzung: Er verweist darauf, dass die Instanz (locus), der die Kontrolle über Ereignisse zugeschrieben wird, entscheidend ist. So erachten manche Menschen ihr eigenes Verhalten für den Verlauf ihres Lebens als entscheidend (internale Kontrollüberzeugung), während andere Menschen davon überzeugt sind, ihr Leben werde maßgeblich durch äußere Umstände bestimmt (externale Kontrollüberzeugung). »Das bringt doch alles nichts. Es ist sinnlos«, ist eine typische Aussage von Menschen mit externaler Kontrollüberzeugung. Folgender Satz lässt dagegen klar auf eine internale Kontrollüberzeugung schließen: »Wenn ich bekomme, was ich will, habe ich es meiner Anstrengung und Hartnäckigkeit zu verdanken.« Es liegt klar auf der Hand, warum Menschen, die in vielen Lebensbereichen eine externale Kontrollüberzeugung haben, weit weniger Freiheit erleben als solche, die sich in der Lage sehen, die Dinge anzupacken und zu verändern. Wer glaubt, dass das, was geschieht, von anderen Personen oder dem Schicksal abhängt, wird keine Energie investieren, um zu versuchen, die Geschehnisse in seinem Sinne zu beeinflussen – der Versuch wäre ja ohnehin zum Scheitern verurteilt. Auf diese Weise kann eine externale Kontrollüberzeugung auf uns wie ein Filter wirken, der uns am Wahrnehmen unserer Möglichkeiten hindert. Dabei ist eine extrem hohe internale Kontrollüberzeugung genauso wenig positiv wie eine extrem hohe externale Kontrollüberzeugung. Während die eine Realitätsverlust und unrealistische Erwartungshaltungen mit sich bringt, führt die andere zur Selbstzuschreibung von Misserfolgen und einem schlechteren Selbstbild.[89]

Ein mit dem Konstrukt der Kontrollüberzeugung verwandtes Konzept ist das der *Selbstwirksamkeitserwartung*. Während die Kontrollüberzeugung die Einstellung beschreibt, ein Ereignis sei in irgendeiner Weise zu kontrollieren, beschreibt die Selbstwirksamkeit diese Einstellung spezifischer, nämlich dass ein Ereignis nicht nur irgendwie kontrolliert werden kann, sondern von der Person selbst. Das Ende der 70er-Jahre von Albrecht Bandura, einem der führenden Psychologen des 20. und 21. Jahrhunderts, vorgestellte Konstrukt bezeichnet die Erwartung, eine gewünschte Handlung aufgrund vorhandener eigener Fähigkeiten selbst ausführen zu können. Es handelt sich um die Einschätzung der Effektivität eigener Handlungen. Diese beruht auf der *Konsequenzerwartung* (eine Handlung ist zur Zielerreichung geeignet) und der *Kompetenzerwartung* (man schreibt sich selbst die Kompetenz zu, diese Handlung ausführen zu können).[90] Ob eine Selbstwirksamkeitserwartung gegeben ist oder nicht, hat maßgeblichen Einfluss darauf, ob eine Person ihre Ziele aktiv in Angriff nimmt oder nicht. Nehmen wir einmal an, Sie fragen sich, ob Sie nicht ab sofort zweimal wöchentlich joggen sollten, um Ihre körperliche Fitness zu steigern. Sie werden nur dann wirklich damit beginnen, wenn Sie überzeugt davon sind, dass das Joggen tatsächlich Ihre Fitness steigert (Konsequenz), und wenn Sie gleichzeitig davon ausgehen, dass Sie die notwendige Selbstdisziplin besitzen, dieses Sportprogramm auch durchzuhalten (Kompetenz).[91]

Selbstwirksamkeit ist dabei nicht mit Optimismus zu verwechseln: Während ein optimistischer Mensch sagt »Das wird schon irgendwie wieder«, sagt ein selbstwirksamer Mensch »Das gelingt mir, weil ich es kann«. Während Optimismus also eine grundsätzlich positive Sicht auf die Zukunft beschreibt, bezieht sich Selbstwirksamkeit ganz konkret auf die Einschätzung der eigenen Kompetenz.

Der Grad unserer Selbstwirksamkeit beeinflusst entscheidend unsere Leistung und unsere Interpretation von Schwierigkeiten. Bandura selbst brachte hierfür das Beispiel der »Vier-Minuten-Meile«.[92] Lange Zeit galt die Vier-Minuten-Meile als unüberwindbare Barriere für Sprinter. Es galt als physikalische Unmöglichkeit, dass ein Mensch die Distanz von einer Meile in weniger als vier Minuten läuft. Niemals in der Menschheitsgeschichte war das jemandem gelungen, und so galt diese Grenze quasi als Naturgesetz. Am 6. Mai 1954 in Oxford aber rannte der 25-jährige Medizinstudent Roger Bannister eine Meile in nur 3 Minuten und 59,4 Sekunden. Die Nachricht, dass die Vier-Minuten-Grenze unterschritten war, löste Chaos auf der Rennstrecke Iffley Road aus und verbreitete sich wie ein Lauffeuer um die Welt. Von diesem Moment an, als bekannt wurde, dass diese Grenze durchbrochen werden konnte, folgte ein Rekord auf den nächsten. Die Nachricht erhöhte die Selbstwirksamkeitserwartung aller Sprinter. Und so folgte in kürzesten Abständen eine Unterbietung der Bestzeit auf die nächste.

Das Konzept der Selbstwirksamkeit ist inzwischen auf eine Vielzahl unterschiedlicher Situationen erfolgreich angewendet worden und durch mehr als 500 wissenschaftliche Veröffentlichungen dokumentiert.[93] Es ist so grundlegend für die Entfaltung einer Persönlichkeit, da es ihr Verhalten gravierend beeinflusst. Personen, die selbstwirksam sind, fangen früher an zu handeln, stecken sich höhere Ziele und lassen sich weder von Schwierigkeiten noch von Rückschlägen entmutigen.[94] Sie nehmen Herausforderungen besser an und erweisen sich als hartnäckiger und ausdauernder. Sie zeigen Kompetenzen, die für ein selbstbestimmtes Leben voller Energie erforderlich sind. Umgekehrt verhalten sich Personen, die sich als nichtselbstwirksam erleben, für ihre Zielerreichung geradezu kontraproduktiv. Sie ergreifen selten die Initiative, stolpern schon über die ersten Schwierigkeiten, besitzen wenig Ausdauer und werden eher vom Gedanken an das Scheitern als vom Gedanken an das Gelingen bestimmt.

Warum aber sind einige Menschen überzeugt davon, die Dinge selbst in die Hand nehmen zu können, und andere nicht? Wie kommt es dazu, dass sich ein Mensch den Geschehnissen um sich herum machtlos ausgeliefert sieht? Eine Antwort liefert das Konzept der *erlernten Hilflosigkeit.* Selbstverständlich kann kein Mechanismus der menschlichen Psyche mit nur einem Konzept erschöpfend erklärt werden. Die hohe Komplexität menschlicher Interpretations- und Verhaltensmuster macht es unmöglich, allen Menschen die gleiche Erklärung überzustülpen. Dennoch soll dieses eine Erklärungsmodell hier vorgestellt werden. Denn die erlernte Hilflosigkeit bietet einen guten Zugang zum Verständnis, wie es zu so gravierenden Wahrnehmungsunterschieden kommen kann. Das Konzept erklärt die Unterschiede nicht erschöpfend, sondern beschreibt eine von vielen Möglichkeiten.

Wie so oft in der Wissenschaft spielte der Zufall bei der Entdeckung dieses Phänomens eine entscheidende Rolle. Mitte der 60er-Jahre führten die US-amerikanischen Psychologen Martin Seligman, Steven Meier und Bruce Overmier Tierversuche durch, um den Zusammenhang zwischen Angstkonditionierung und instrumentellem Lernen zu untersuchen.[95] Zu diesem Zweck verpassten sie fixierten Hunden Stromschläge, jedes Mal nachdem ein bestimmter Ton erklang. Die Tiere hatten keine Möglichkeit, der schmerzlichen Erfahrung zu entgehen. Gemäß der Pawlowschen Konditionierung sollten die Hunde jedes Mal, wenn nur der Ton erklang, einen Stromschlag erwarten. Nachdem die Tiere diese Verbindung abgespeichert hatten, wurden sie in eine sogenannte Shuttle-Box gesetzt. Es handelte sich dabei um einen Versuchskäfig mit zwei Bereichen. Die Böden der beiden Käfighälften konnten getrennt voneinander elektrisch aufgeladen werden, jedoch immer nur eine von beiden Hälften. Ein Hund in dieser Box konnte jetzt, im Gegensatz zu der vorangegangenen Situation, dem Stromschlag entfliehen, indem er auf die andere, nicht elektrisch geladene Seite des Käfigs sprang. Der Hund konnte dem Schlag auch zuvorkommen, und zwar indem er schon bei dem akustischen Signal auf die andere Seite sprang. Genau diese Reaktion war das Zwischenziel der Forscher. Sie erwarteten, dass sich die Hunde genauso verhalten würden, um auf dieser Grundlage Vermeidungsreaktionen zu untersuchen. Dann aber machten sie eine unerwartete und verblüffende Entdeckung: Die Hunde, die zuvor erlebt hatten, dass sie den Stromstößen nicht entkommen konnten, versuchten erst gar nicht, auf die andere Seite der Box zu springen, sondern blieben liegen und ließen die Schläge passiv über sich ergehen – ganz im Gegensatz zu »neuen Tieren«, welche die Konditionierung auf Töne und Stromschläge nicht erfahren hatten. Die ersten, konditionierten Tiere hielten die Erfahrung der Stromschläge für unvermeidlich, obwohl sie es im zweiten Versuchsteil gar nicht mehr war. Sie hatten gelernt, hilflos zu sein. So bewiesen die Forscher, ohne dass es ihre Absicht gewesen wäre, »dass ein Organismus, der traumatische Erfahrungen machen musste, die er nicht kontrollieren konnte, die Motivation zum Handeln verliert, wenn er später erneut mit traumatischen Erfahrungen konfrontiert wird«.[96] Diese Beobachtung wurde *erlernte Hilflosigkeit* genannt.

Donald Hiroto von der Oregon State University wies als Erster nach, dass dieses Phänomen auch bei Menschen auftritt.[97] Er setzte Probanden einem sehr lauten und unangenehmen Geräusch aus. Dabei teilte er sie in drei Gruppen ein: Die Flucht-Gruppe konnte das Geräusch durch Betätigung eines Knopfes abstellen. Die Hilflos-Gruppe hörte das gleiche Geräusch, allerdings ohne einen Einfluss darauf ausüben zu können. Die dritte Gruppe wiederum wurde gänzlich von dem Geräusch verschont. Dann wurde allen drei Gruppen eine Mini-Shuttle-Box gegeben: Die Bewegung eines Fingers von einer Seite der Box auf die andere reichte aus, um das Geräusch abzuschalten. Genau wie im Falle der Tiere kamen sowohl die Probanden aus der Flucht-Gruppe wie auch die Probanden aus der Kontroll-Gruppe, die das Geräusch zum ersten Mal hörten, durch Ausprobieren schnell dahinter, dass sie das Geräusch selbst abstellen konnten. Die Probanden der Gruppe, die zuvor erfahren hatte, dass Änderungsversuche nicht zum Erfolg führten, fanden allerdings nicht heraus, dass sie das Geräusch jetzt abstellen konnten. Sie suchten nicht einmal mehr nach einer Lösung, sondern blieben einfach sitzen und ertrugen den unangenehmen Ton.

Machen also Personen die Erfahrung, dass sie Ereignisse nicht kontrollieren können, dann projizieren sie diesen Mangel an Einflussmöglichkeit in die Zukunft und gehen davon aus, dass sie auch künftige Ereignisse nicht beeinflussen können. Unser Verhalten wird demnach maßgeblich davon beherrscht, ob wir glauben, die Ereignisse kontrollieren zu können. Auch wenn ein klärendes Gespräch das Verhältnis zu einem Bekannten verbessern könnte, versuche ich es noch nicht einmal, wenn ich gelernt habe, dass einmal zerstrittene Personen doch nicht wieder zueinanderfinden. Hat eine Person erst einmal ihre Hilflosigkeit erlernt, wird sie passiver und unternimmt weniger, um ungünstige Situationen zu verändern. Ihr Verhalten wird immer kraftloser. Je unbeteiligter es aber wird, desto weniger zielorientierte, aktive und soziale Verhaltensweisen legt diese Person an den Tag, und eine Abwärtsspirale der Verzweiflung wird in Gang gesetzt.[98] Je mehr ich das Gefühl habe, keine Kontrolle über mein Leben zu besitzen, desto weniger handle ich und umso mehr wächst das Gefühl, tatsächlich keine Kontrolle zu haben. Es ist ein Teufelskreis, der, wenn er nicht durchbrochen wird, in eine Depression mündet. Das Krankheitsbild der Depression wird an dieser Stelle nicht behandelt, es geht vielmehr um die Phasen, die sich am oberen Ende dieser Spirale zeigen. Je mehr ich mich dem Gefühl der eigenen Machtlosigkeit hingebe, desto weniger handle ich und desto machtloser werde ich auch. Je überzeugter ich davon bin, dass andere und nicht ich mein Glück und mein Schicksal in Händen halten, desto weniger bestimme ich auch über mein Glück und mein Schicksal. Die gute Nachricht ist: Man kann die Spirale auch wieder nach oben gehen. Ähnlich wie die Besteigung eines Berges ist dies natürlich mit größerer Anstrengung verbunden, als wenn ich mich dem Gefühl der Ausweglosigkeit hingebe und mich fallen lasse. Aber der Aufstieg ist möglich. Im nächsten Abschnitt wird gezeigt, wie man sein Gehirn überlistet und sich erfolgreich aus der Abwärtsspirale der Niedergeschlagenheit befreien kann.

Das Muster durchbrechen
Wie Sie verborgene Kräfte freisetzen

Wenn Sie erreichen wollen, was Ihnen wirklich wichtig ist, und Sie die Aufregung und Erfüllung eines aktiven Lebens auskosten und Bliss erlangen wollen, müssen Sie vom Erfolg Ihrer Handlungen überzeugt sein. Das Gefühl, keine Kontrolle zu besitzen, schränkt Sie nur ein. Es hilft Ihnen in keinem Punkt weiter, sondern verhindert nur, dass Sie sich vorwärtsbewegen, dass Sie sich entwickeln und neue Erfahrungen machen.

Bandura hat vier Quellen zur Erhöhung der eigenen Selbstwirksamkeit aufgeführt:

1. Schwierige Situationen meistern
   Wenn Sie ein schwieriges Unterfangen erfolgreich bewältigt haben und sich selbst den Erfolg dafür zuschreiben, wächst Ihre Selbstwirksamkeit. Sie gelangen zu der Überzeugung, das Gleiche wieder und sogar noch mehr schaffen zu können. Gelingt es Ihnen beispielsweise, eine Präsentation vor großem Publikum zu halten, und Sie schreiben sich selbst, nicht Ihrem Assistenten oder der guten Laune des

Publikums, den Erfolg dafür zu, dann werden Sie auch die nächste Präsentation mit mehr Tatkraft und Gestaltungswillen angehen. Aktiv Schwierigkeiten zu meistern ist die stärkste Quelle für Selbstwirksamkeit und persönliche Entwicklung. Machen Sie jeden Tag eine Sache, vor der Sie Angst haben. Es ist völlig egal, was es ist, einen bestimmten Telefonanruf tätigen, jemandem eine Frage stellen, auch wenn man fürchtet, sich zu blamieren oder einen Fehler einzugestehen. Tun Sie jeden Tag etwas, das Ihnen unangenehm ist. Schon nach kurzer Zeit werden Sie die positive Wirkung stärkerer Selbstwirksamkeit spüren, Sie werden selbstsicherer, trauen sich mehr zu und gehen Herausforderungen mit größerer Tatkraft an.

2. Vorbilder beobachten
Wenn Sie eine Erfahrung nicht selbst machen können oder noch nicht wagen, diese selbst zu machen, dann können Sie auch von der Erfahrung anderer profitieren. Wenn Sie eine andere Person bei der Bewältigung einer Schwierigkeit beobachten, steigt Ihr Selbstvertrauen, dies auch schaffen zu können. Hat beispielsweise ein Kollege einen Monat zuvor eine ähnliche Präsentation gehalten, kann das Ihre Überzeugung stärken, dass Sie selbst auch dazu in der Lage sind. Die umgekehrte Wirkung kann dabei ebenfalls eintreten: Beobachten Sie eine Niederlage, kann das demotivierend wirken. Suchen Sie in Ihrem Umfeld

aktiv nach Personen, die Sie für ihre Leistungen bewundern. Beobachten Sie genau, wie diese Menschen ihre Leistungen, egal auf welchem Gebiet, vollbringen und auftretende Schwierigkeiten überwinden. Schon durch bloße Beobachtung kann sich eigene Stärke aufbauen.

3. Rückmeldungen von anderen einholen
Wenn andere Personen Ihnen sagen, dass sie überzeugt davon sind, Sie würden es schaffen, erhöht sich Ihr Vertrauen in die eigene Kraft. Hören Sie bewusst hin, wenn Personen Ihres Umfelds Sie ermutigen. Glauben Sie, was sie Ihnen sagen. Wenn sie Ihnen nahestehen, werden sie Ihnen nur dann sagen, dass Sie es schaffen können, wenn sie auch wirklich davon überzeugt sind. Und auch wenn Sie selbst noch nicht so sicher sind, dass Sie diese Leistung wirklich vollbringen können: Hören Sie auf Ihre Mitmenschen und vertrauen Sie darauf, dass diese wissen, was sie tun, und Sie zu Recht ermutigen.

4. Physiologische Reaktionen
Schließlich sind es auch die eigenen körperlichen Reaktionen, die das Gefühl vermitteln, etwas schaffen zu können oder nicht. Erlebt eine Person beispielsweise, dass ihr vor einem Ereignis übel wird und ihre Hände zittern, schlussfolgert sie daraus, dass sie noch nicht in der Lage ist, die bevorstehende Leistung zu

> erbringen. Ein gezielter Abbau von Stressreaktionen kann demnach dazu beitragen, einer Herausforderung stabiler zu begegnen.

Wenn in Ihnen das Bewusstsein dafür wächst, dass Sie die Dinge in der Hand haben, werden Sie Ihre Ziele und Ansichten schneller verwirklichen. Sie werden Schwierigkeiten gelassener entgegentreten können, weil Sie wissen, dass es Ihnen gelingen wird, sie zu meistern. Hindernisse werden Sie nicht abhalten, und Sie werden Mittel und Wege finden, Ihre Ziele durchzusetzen.

Eine ebenfalls nützliche Idee auf dem Weg dorthin ist die Idee der Proaktivität. Im weitesten Sinne lässt sie sich Banduras stärkster Quelle der Selbstwirksamkeit, dem Meistern schwieriger Situationen, zuordnen. Es geht dabei ebenfalls um die zentrale Stellung des Handelns. Im deutschen Sprachraum wurde der Begriff Proaktivität 1946 von dem österreichischen Psychotherapeuten Viktor Frankl eingeführt. Im Gegensatz zum angelsächsischen Raum ist er hier kaum verbreitet. Proaktivität bezeichnet ein frühzeitiges aktives Handeln im Gegensatz zu einem eher abwartenden reaktiven Handeln. Der US-amerikanische Schriftsteller Stephen R. Covey beschrieb den Unterschied so:

> »Reaktive Leute werden von Gefühlen, den Umständen, den Bedingungen oder ihrer Umwelt getrieben. Wenn das Wetter gut ist, fühlen sie sich gut. Wenn es schlecht ist, beeinflusst das ihre Haltung und ihr Befinden. Proaktive Men-

schen tragen ihr eigenes Wetter in sich. Es ist ihnen gleich, ob es regnet oder die Sonne scheint. Sie erhalten den Antrieb aus ihren Werten. Wenn es zu ihren Werten gehört, qualitativ gute Arbeit zu leisten, hängt dies nicht davon ab, ob das Wetter dem zu- oder abträglich ist.«[99]

Um persönlichen Erfolg zu erreichen, muss man proaktiv sein. Man muss die Dinge in den Blick nehmen, die man verändern kann, und diese dann auch tatsächlich verändern. Pablo Picasso hat das treffend zusammengefasst: »Aktion ist der Schlüssel zu allem Erfolg.«

Paradigma der Emotionen
Warum es sich nicht lohnt, auf Kissen zu schießen

»Die Freiheit des Menschen liegt nicht darin,
dass er tun kann, was er will,
sondern darin, dass er nicht tun muss, was er nicht will.«
Jean-Jacques Rousseau

Lange galt der rationale Verstand als die Krone auf dem Haupt des Menschen. Die Vernunft, die ihn befähigt, Zusammenhänge zu begreifen und Bedeutungen zu erkennen, erhob ihn über das Tierreich. Gefühle dagegen waren wie Fliegen, ungestüm und wankelmütig schienen sie den Menschen nur zu verwirren. Schwer zu greifen und in ihrem Sinn unverständlich sollte er unentwegt versuchen, sich ihrer zu entledigen. Schon Platon äußerte sich abfällig über Gefühle, welche die Seele auf ihrer Suche nach der Wahrheit seiner Ansicht nach nur verwirrten. So sei die Lust »des Schlechten stärkster Köder«, der Schmerz »der Verscheucher des Wohlbefindens«, Mut und Verzagtheit »unüberlegte Ratgeber«[100]. Mit dieser Meinung stand er im Kreise der antiken Philosophie keineswegs allein da. Gefühle galten als niedere Triebe, die es zu beherrschen galt. Selbst Gottfried Wilhelm Leibniz urteilte noch Hunderte Jahre später, durch Gefühle würden wir »verdunkelt und unvollkommen«[101]. Erst sehr viel später sollte sich das Image der Gefühle bessern. Die bildgebenden Verfahren der Neurowissenschaften und die Ergebnisse der Verhaltensforschung förderten mehr und mehr positive Aufgaben der Emotionen zutage und entdeckten zugleich die bis dahin unterschätzte Macht des Gefühlslebens.

Auf die Differenzierung zwischen Gefühlen und Emotionen wird im Folgenden verzichtet. Es sei jedoch angemerkt, dass in der Debatte oft eine begriffliche und inhaltliche Unterscheidung zwischen beiden vorgenommen wird. Gefühle werden dabei meist als das subjektive Erleben von Emotionen und damit als Teilkonstrukt derselben gefasst und Emotionen als tiefere, oft unbewusste Regungen verstanden.

Das Bild der Emotionen hat sich in jüngster Zeit grundlegend gewandelt. Galt das vernunftgeleitete Denken des bewussten Abwägens von Handlungsalternativen und ihren jeweiligen Konsequenzen einst als der überlegene Teil einer strengen Dichotomie zwischen Rationalität und Emotionen, werden beide mittlerweile als hochinterdependente Wechselspieler erachtet. Dies geht vor allem auf die Erkenntnisse der Neurowissenschaften zurück. Sie entdeckten, dass jede bewusst gewordene Emotion mit einer Aktivierung der Großhirnrinde, jenem Bereich, in dem unser bewusstes Nachdenken verortet ist, einhergeht. Andersherum kann auch jeder rationale Prozess ausschließlich in Verbindung mit einer emotionalen Vorstellung handlungswirksam werden. Das heißt, eine geplante Handlung wird nur dann zu einer tatsächlich realisierten Handlung, wenn die emotionalen Zentren des Gehirns, genauer des limbischen Systems, in bewusster oder unbewusster Form involviert sind. Dies liegt daran, dass nur das limbische System, nicht aber die Großhirnrinde, einen direkten Zugriff auf die Basalganglien hat – einem völlig unbewusst arbeitenden System tief im Inneren des Gehirns, das jede Art von Handlung vorbereitet.[102] Ohne dass es uns bewusst wird, muss also der rationale Teil unseres Gehirns erst mal beim emotionalen Teil eine Genehmigung einholen, um eine Entscheidung auch wirklich umsetzen zu können. Auch bei langem Nachdenken und bewusstem Abwägen verschiedener Handlungsalternativen ist also nicht, wie es der subjektive Eindruck nahelegt, die Optimierung des Kosten-Nutzen-Verhältnisses das wichtigste Entscheidungskriterium, sondern stattdessen »das Aufrechterhalten eines möglichst stabilen und in sich widerspruchsfreien emotionalen Zustandes«[103]. Goethes Faust hatte also Recht, als er rief »Gefühl ist alles!«. Von den Tränen der Freude oder Trauer, die uns in den Augen stehen, über die rasende Wut und die glückliche Verzückung bis hin zur Gänsehaut, die Ekel, Angst oder Lust auf unsere Haut zaubern – Gefühle strömen in jeder Sekunde in uns, wirbeln umher, vermischen sich, kommen und gehen.

Welche Emotionen gibt es überhaupt? Schon die antiken Philosophen versuchten, ein Ordnungssystem dafür zu erstellen. Die Uneinigkeit, die bereits damals unter den Denkern herrschte, hat sich bis in die Gegenwart fortgesetzt. So existieren nach wie vor mehrere Ansätze, die verschiedene Grundemotionen benennen und die Emotionen in unterschiedlicher Zusammensetzung in Beziehung zueinander setzen. Paul Ekman, einer der renommiertesten Forscher dieses Bereiches, unterscheidet sieben Basisemotionen: Trauer, Zorn, Überraschung, Angst, Ekel, Verachtung und Freude.[104] Diese beeinflussen, wie wir die Welt um uns herum wahrnehmen.

> »Emotionen ändern unsere Sicht der Welt und unsere Interpretation des Handelns anderer. Wir versuchen nicht in Frage zu stellen, warum wir ein bestimmtes Gefühl empfinden, vielmehr bemühen wir uns, es zu bestätigen. Wir bewerten das Geschehen in einer Weise, die mit dem bestehenden Gefühl konsistent ist; so rechtfertigen und erhalten wir es.«[105]

Emotionen sind also nicht nur Reaktionen auf einen gegebenen Sachverhalt, sie beeinflussen auch, welche Stimuli überhaupt wahrgenommen werden und wie eine Situation interpretiert wird. Eine Person, die sich in einem niedergeschlagenen emotionalen Zustand befindet, deutet die Ereignisse, die um sie herum geschehen, als weitere Beweise der eigenen Unzulänglichkeit bzw. des eigenen Versagens. Aspekte, die auf andere Interpretationsmöglichkeiten hinweisen, werden nicht oder kaum wahrgenommen. Stattdessen werden Erinnerungen an vergangene Situationen, die den gegenwärtigen emotionalen Zustand unterstreichen, beispielsweise Erinnerungen an

Situationen, in denen sich die Person als Verlierer wahrnahm, ins Bewusstsein gespült. Um größtmögliche Konsistenz herzustellen, wird auch die Zukunft einbezogen, die in schwarz gestrichener Ausprägung auf die Gegenwart zurückstrahlt und so die aktuelle Negativdeutung der Geschehnisse ebenfalls stützt.

Wenn Sie den Eindruck haben, dass Gefühle von Unlust und Schmerz wesentlich häufiger auftreten als angenehme Gefühle, dann liegen Sie richtig. Aus biologischen Gründen strebt der Organismus danach, sich in dem Zustand zu halten, in dem er am besten funktioniert: An dem Signal, dass etwas nicht stimmt, sollen wir auf keinen Fall vorbeikommen.[106] Die Dominanz negativer Gefühle lässt sich sogar messen: Werden Probanden fröhliche und traurige Bilder gezeigt, dann reagieren die Hirnströme ungleich stärker auf die traurigen Bilder.[107] Die Dominanz des Negativen spiegelt sich in unserer Erfahrung wider. Verliert zum Beispiel eine Person eine bestimmte Summe Geld, so ist sie ungleich betrübter, als wenn sie die gleiche Summe dazugewinnt.[108] Unser Gehirn springt also wesentlich stärker auf negative als auf positive Informationen an. Die Tragödie ist das beliebteste Theaterstück des Gehirns.

Warum aber haben wir überhaupt Emotionen? Welchen Nutzen erfüllen sie für uns? Auf der interpersonalen Ebene üben sie eine kommunikative Funktion aus und regulieren die soziale Interaktion. Die effektivste Form dieser Kommunikation erfolgt über den emotionalen Ausdruck des Gesichts. So zeigen beispielsweise Untersuchungen zur Entwicklung der emotionalen Reaktionsfähigkeit, dass Babys nach den Gesichtern ihrer Mütter schauen, um Hilfe für die Interpretation und Reaktion mehrdeutiger Situationen zu erhalten.[109] Auf der intrapersonalen Ebene übernehmen Emotionen eine Informationsfunktion, das heißt, sie dienen als kognitives Signal dafür, wie eine gegenwärtige Situation bewertet wird, und beeinflussen weitergehend auch, wie künftige Situationen einzuschätzen sind. Psychologische und neurophysiologische Studien indizieren, dass diese Bewertung der emotionalen Bedeutung von Situationen auch unbewusst über kortikale Assoziierungsbahnen, also eine Signalübertragung der Großhirnrinde, stattfinden kann. Andererseits übernehmen Emotionen eine motivationale Funktion, das heißt, sie regen das Handeln zur Bewältigung dieser Situation an. Die körperlichen Veränderungen, die häufig mit Emotionen einhergehen, bereiten das Individuum physisch auf dieses adaptive oder auf das bisher übliche Verhalten vor.[110] Das Besondere daran: Emotionen sind blitzschnell. Sie ermöglichen es uns, innerhalb von Sekunden auf lebenswichtige Ereignisse zu reagieren. Nehmen wir an, Sie spazieren an einem heißen Sommertag einen schmalen Küstenstreifen irgendwo im Mittelmeerraum entlang. Aus der Böschung, die den Weg säumt, schnellt plötzlich eine Schlange hervor, nur wenige Meter vor Ihren Füßen. Sofort wirkt die Emotion Angst wie ein Alarmschalter, der in Ihnen umgelegt wird: Adrenalin wird ausgeschüttet und erhöht Herzrate, Blutdruck und Blutzuckerspiegel. Pupillen und Bronchien weiten sich, die Atmung wird schneller, und die Muskeln spannen sich an. Angst überkommt Sie, und blitzartig weichen Sie vor dem Tier zurück. Sie müssen nicht erst darüber nachdenken, was Sie sehen, wie Sie darauf reagieren könnten und welche der möglichen Handlungsalternativen das beste Ergebnis verspricht. All das würde viel zu viel Zeit in Anspruch nehmen. Gefühle stattdessen überkommen uns in Millisekunden und setzen Prozesse mit einer solchen Geschwindigkeit in Gang, dass unser Bewusstsein und unser Steuerungsvermögen meist gar nicht mithalten können. Sie sind »automatische Bewertungsmechanismen«, die die Umgebung mustern und sofort erfassen, wenn etwas geschieht, das für unser Wohlergehen bedeutsam ist.[111] Dabei findet ein permanenter Abgleich mit unserer »emotionalen Alarmdatenbank« statt, in der alles gespeichert ist, was eine Emotion auslösen soll.[112]

Nun verhält es sich allerdings so, dass die meisten Probleme, denen wir heutzutage gegenüberstehen, deutlich komplexer sind als die Begegnung mit einer Schlange. Und damit sind wir auch schon bei der Beantwortung der Frage, warum Emotionen auch als einschränkendes Paradigma wirken können: Unsere emotionalen Reaktionen sind nicht immer angemessen. So schafft uns ein unkontrollierter Wutausbruch zwar den Partner – in diesem Fall die Schlange – erst einmal vom Hals, allerdings länger, als es nach Abklingen der Wut gewünscht ist. Dazu kommt, dass wir oft wenig Verständnis dafür besitzen, dass andere Menschen andere Informationen in ihrer Alarmdatenbank abgespeichert haben als wir selbst. Was bei anderen emotionale Reaktionen auslösen kann, lässt uns womöglich völlig kalt und andersherum. So mag sich eine Person darüber ärgern, wenn sich ein Autofahrer vordrängelt – in ihrer Alarmdatenbank findet sich eine entsprechende Information, Wut wird ausgelöst, und die Person spult ihr erlerntes Programm zur Bekämpfung vordrängelnder Autofahrer ab –, während eine andere Person in dieser Situation völlig entspannt reagiert. Womöglich versetzt diese Person dafür aber der Anblick einer Spinne in Panik.

Gefühle sind nicht immer hilfreich. Spontane Gefühlswallungen sorgen leicht dafür, dass wir uns verhalten, wie wir es »bei klarem Verstand« niemals getan hätten. Wenn uns ein Gefühl auf diese Weise vollkommen vereinnahmt, sind wir kaum mehr in der Lage, unser Verhalten zu steuern. So schön das bei positiven Gefühlen ist, so unangenehm ist es bei negativen. Wir übersehen dann, dass zwischen dem äußeren Einfluss und der eigenen Handlung ein Abstand liegt. Diesen Abstand gilt es zu nutzen, um die Emotionen zu kontrollieren. Wenn wir aber lernen, unsere Macht zu nutzen und unsere Emotionen zu regulieren, vergrößert sich dieser Abstand immer mehr, bis wir schließlich immer häufiger in der Lage sind, angemessen zu reagieren und uns nicht mehr von jeder negativen Emotion vereinnahmen lassen müssen. Viele Menschen vollziehen diese Entwicklung nicht, weil sie sich fälschlicherweise mit ihren Emotionen identifizieren. »So bin ich eben. Ich werde schnell wütend und aufbrausend, das ist einfach so«, oder »Ich bin einfach schnell beleidigt.« Das ist Unsinn. Emotionen stehen nicht in einem gesonderten Raum außerhalb unseres Interventions- und Regulierungsbereiches. Wir mögen aufgrund unseres bisherigen Lebens und der eingeübten Reaktionswege zwar die Tendenz verspüren, uns auf die eine oder andere Weise zu verhalten, aber wir müssen uns keineswegs in jedem Fall so verhalten. Wir haben die Wahl. Immer. Selbstverständlich ist eine Regulierung der eigenen Emotionen nicht leicht und erfordert eine Reihe innerer und äußerer Ressourcen.[113] Dazu zählen unter anderem Verhaltensmerkmale wie Aufmerksamkeit und Reaktionsvermögen, aber auch kognitive Merkmale wie die Fähigkeit zur Anwendung geeigneter Strategien und die Entwicklung eines Regulierungsbedürfnisses. Auch Elemente zwischenmenschlicher Interaktivität, etwa das Erleben von Unterstützung und explizites Training der Verhaltensdisziplinierung spielen für die Emotionsregulierung eine Rolle.

Haben Menschen aber gelernt, ihre Emotionen zu einem gewissen Grad zu regulieren, so ermöglicht es ihnen im Allgemeinen »ein großes Spektrum und eine hohe Intensität emotionalen Erlebens und gleichzeitig ein flexibles, adaptives und organisiertes Verhalten«[114], so der an der kalifornischen ULCA School of Medicine lehrende Daniel J. Siegel, der diese Form der Regulation seit Jahren erforscht.

Werden Menschen von ihren Emotionen stattdessen wie von Lawinen überrollt, verlieren sie den Freiraum, sich flexibel verhalten zu können, und starke, unkontrollierte Emotionen bestimmen über Wahrnehmung und Verhalten. So entbehren manche Menschen, wenn sie wütend sind, vollkommen jeglicher Selbstbeherrschung und Wahrnehmung des angemessenen Verhaltens. Überflutet von ihren Emotionen handeln sie unreflektiert und destruktiv auf eine Weise, die ihnen in einem stabilen Zustand nie in den Sinn kommen würde. Diese Art der völligen Vereinnahmung wird auch als »emotionales Hijacking«[115] bezeichnet. Der Eindruck der Betroffenen und vor allem der Mitmenschen, die Person scheine in einem derartigen Zustand des Kontrollverlusts nicht mehr in der Lage zu sein, klar zu denken, ist nicht unbegründet: In der Neurowissenschaft besteht die Vermutung, dass eine Reihe Schaltkreise des Neocortex in solchen Zuständen abgeschaltet wird, also in genau jenem Teil der Großhirnrinde, die für unser rationales und bewusstes Denken zuständig ist. Der Energiefluss des Gehirns wird dann, so wird angenommen, nicht mehr vom Cortex, sondern von »niederen« Verarbeitungszentren des Hirnstamms, dem limbischen System und einfachen sensorischen Schaltkreisen bestimmt.[116] Ein Mensch, der von seinen Emotionen überflutet wird, befindet sich während seines Ausbruchs also tatsächlich in einem niederen Modus der Informationsverarbeitung mit nur noch eingeschränkten geistigen Kapazitäten.

Besonders problematisch wird dieses Paradigma, wenn sich die Prozesse, die solch emotionale Instabilität und unerwünschte Reaktionsmuster in Gang setzen, bereits manifestiert haben und auf bestimmte Auslöser bzw. Situationen mit der immer gleichen emotionalen Reaktion geantwortet werden muss. Paul Ekman hat hierfür ein anschauliches Beispiel:[117]

Tim wird in jungen Jahren häufig von seinem Vater geneckt. Die Sticheleien sind dabei nur vordergründig scherzhaft, denn sie besitzen einen grausamen Unterton, mit dem er Tims unzureichende Leistungen verhöhnen will. Bereits in jungen Jahren speichert sich deshalb in Tims emotionaler Alarmdatenbank folgende Verbindung ab: Wenn mächtige Personen mich necken, demütigen sie mich. Tim lernt, auf diese Erniedrigung mit Zorn zu reagieren. Bei dem kleinsten Anzeichen von Neckerei kommt fortan heftiger Ärger in ihm auf, insbesondere dann, wenn diese von einer Person stammt, die mächtiger erscheint als er. So reagiert er in heranwachsendem Alter auf die Sticheleien seines Vaters, aber auch als Erwachsener, sobald eine Situation nur genügend Gemeinsamkeiten mit dem Auslöser seiner Alarmdatenbank besitzt. Wenn ihn sein Chef oder ein Kollege bei einem Abendessen neckt, versteht Tim dies automatisch als Erniedrigung, auch wenn die Kommentare keinesfalls so gemeint waren, und reagiert mit heftigem Zorn. Diese emotionale Konditionierung kann für Tim sehr belastend werden. Er interpretiert gewisse Situationen immer auf die gleiche Weise, ohne in der Lage zu sein, ihnen eine andere Bedeutung zuzuschreiben. Dadurch reagiert er häufig auf eine Art, die seine Mitmenschen weder im Ausdruck noch in der Intensität nachvollziehen können.

Was kann Tim tun? Er muss den emotionalen Auslöser erkennen und abschwächen. Schon der erste Schritt ist nicht einfach und wird Tim nur gelingen, wenn er jede Situation, in der er zornig wird, im Nachhinein reflektiert, um ihren gemeinsamen Nenner zu finden. Hat Tim einmal verstanden, dass es stets Sticheleien sind, auf die er überregiert, kann er damit beginnen, diesen Auslöser abzuschwächen. Es ist dabei nicht erforderlich, dass Tim den Ursprung dieses Auslösers, das Verhalten des Vaters, identifiziert. Es ist einzig und allein wichtig, dass er erkennt, welcher Schalter bei ihm die immer gleiche emotionale Kettenreaktion auslöst. Dann kann er beginnen zu versuchen, nach jedem Vorfall andere Erklärungen für die Neckereien zu finden. Er wird lernen, Situationen neu zu bewerten, was ihm immer besser gelingen wird, je häufiger er es praktiziert. Im Laufe der Zeit wird er in der Lage sein, diese Neubewertung sogar schon dann vorzunehmen, wenn er sich noch in der Situation befindet. Das erlaubt ihm, seine emotionalen Reaktionen zu kontrollieren, und er ist von der starren Konditionierung auf die immer gleichen Verhaltensmuster befreit. Der Entwicklungsforscher Alan L. Sroufe bezeichnet diese Fähigkeit, das eigene Verhalten auch im Zustand starker Spannung flexibel zu organisieren, als zentralen Aspekt individueller

Unterschiede in der Persönlichkeitsorganisation.[118] Diese Fähigkeit regelt, worauf wir unsere Aufmerksamkeit richten, wie wir Informationen deuten und auf welche Weise wir mit anderen Menschen in Beziehung treten. Emotionale Zustände modulieren zu können beeinflusst so nicht nur unsere Wahrnehmung der Welt, diese Fähigkeit bestimmt auch über den Grad unserer Flexibilität und damit den Freiraum, den wir uns in dieser Welt nehmen können.

Das Muster durchbrechen
Wie Sie Ihre Emotionen regulieren

Tims Beispiel hat vorweggenommen, wie emotionale Konditionierungen durchbrochen werden können. Der Auslöser muss identifiziert und durch wiederholte Neubewertungen abgeschwächt werden. Diesen Auslöser zu entdecken ist nicht immer leicht. Situationen, die zu den immer gleichen emotionalen Ausbrüchen führen, können sich auf den ersten Blick sehr unterschiedlich darstellen, auch wenn ihnen eine tieferliegende Grundstruktur gemein ist. In Tims Beispiel waren die Wutausbrüche, die sich in verschiedenen Situationen gegenüber verschiedenen Personen entluden, auf ein Gefühl der Demütigung zurückzuführen. Aber auch andere Muster sind möglich. So kann, um noch ein weiteres Beispiel zu nennen, eine aggressive Form der Eifersucht, die regelmäßig in heftige Auseinandersetzungen mündet, auf Verlustangst beruhen. Tragischerweise kann diese Eifersucht dann tatsächlich zum Scheitern der Beziehung und damit zu dem Verlust der zwischenmenschlichen Beziehung führen. Werden Emotionen häufig in dieser Form unkontrollierter Ausbrüche oder Überflutungen erlebt, erzeugen sie unerwünschte Folgen, wirken destabilisierend und schränken den Handlungsspielraum ein.

Wie aber soll man sich im Moment des emotionalen Ausbruchs, beispielsweise im Zustand rasender Wut oder erdrückender Traurigkeit, verhalten? Gemeinhin heißt es, dass man Gefühle »ausleben« soll, um sich ihrer zu entledigen. Sich ordentlich auszuweinen und anderen von seinem Unglück zu erzählen soll helfen, die Trauer zu überwinden. Analog dazu würde die Wut abklingen, wenn man auf einen Sandsack eindrischt.

Ein klassisches Beispiel hierfür kommt im Film *Reine Nervensache* vor: Der Psychiater, gespielt von Billy Crystal, empfiehlt seinem Patienten Paul, einem New Yorker Mafiaboss, der von Robert de Niro dargestellt wird: »Weißt Du, was ich tue, wenn ich wütend bin, Paul? Ich schlage ein Kissen. Probier es einfach mal aus! Schlag ein Kissen! Mal sehen, wie du dich danach fühlst …«

Paul zieht seine Waffe und lässt eine Schusssalve auf das Sofakissen los. In einem Wirbel aus fliegenden Federn dreht er sich zu seinem Psychiater um. »Da hast du dein verdammtes Kissen!«

»Fühlst du dich besser?«

Paul hält einen Moment inne und antwortet überrascht: »Ja ... ja, ich fühle mich besser!«

Hinter diesen Ratschlägen steht die Vorstellung, der Mensch sei wie ein Gefäß: Ist er erst mal bis zum Rand mit Emotionen gefüllt, muss man sie ablassen, damit er nicht überläuft. Auch Sigmund Freud ging davon aus, dass der Druck des Ärgers nachlässt, wenn man ihn erst mal deutlich zum Ausdruck bringt.[119] Stimmt das? Hilft es, auf einen Boxsack einzuschlagen, wenn man zornig ist?

Vor wenigen Jahren hat Brad Bushman von der Iowa State University eine große Studie durchgeführt, um herauszufinden, ob das sogenannte Wutablassen tatsächlich zu einer Abschwächung der negativen Emotionen führt.[120] Zu diesem Zweck wurden 600 Collegestudenten gebeten, einen Essay zu schreiben. Ihnen wurde erklärt, dass sie, ohne ihn zu Gesicht zu bekommen, mit einem anderen Studenten gleichen Geschlechts in Partnerarbeit interagieren würden. Ihr Aufsatz würde von dem anderen Versuchsteilnehmer benotet und umgekehrt. In Wirklichkeit gab es keinen Partner, die Versuchsleiter korrigierten die Aufsätze selbst. Die Probanden bekamen ihren Essay zurück mit vernichtenden Urteilen. Für alle Bewertungsbereiche, Schreibstil, Stichhaltigkeit der Argumente, Originalität etc., erhielten sie sehr schlechte Noten gespickt mit abschätzigen Kommentaren wie »Das ist einer der schlechtesten Texte, die ich je gelesen habe!«. Wie beabsichtigt ärgerten sich die Studenten über die ungerechte Bewertung und die zur Schau getragene Herablassung des vermeintlichen Kommilitonen. Anschließend wurde einem Teil der Probanden die Gelegenheit gegeben, ihrem Ärger Luft zu machen. Ihnen wurde ein Foto gezeigt, das angeblich die Person abbildete, die ihren Essay bewertet hatte. Dann durften sie sich Boxhandschuhe anziehen und wurden aufgefordert, auf einen 70 Pfund schweren Boxsack einzuschlagen und dabei an diese Person zu denken. Sie wurden in dem Raum allein gelassen mit dem Hinweis, sie wären unbeobachtet. Tatsächlich aber wurde aufgezeichnet, wie lange, wie oft und mit welcher Stärke sie auf den Boxsack einschlugen. Einem anderen Teil der Probanden wurde keine Gelegenheit gegeben, ihrem Ärger Luft zu machen. Unter dem Vorwand, der Computer sei gerade defekt, wurden sie gebeten, für zwei Minuten ruhig in einem Raum zu sitzen.

Danach mussten alle Studenten einen Fragebogen zur Einschätzung ihrer Stimmung ausfüllen und an einem Spiel teilnehmen: Der Gewinner jeder Runde konnte den Verlierer einem lauten unangenehmen Geräusch aussetzen. Dabei durfte er selbst entscheiden, wie lange und mit welcher Lautstärke sein Gegenüber dem unangenehmen Ton ausgesetzt sein sollte. Verhielten sich diejenigen Studenten, die ihre Wut an dem Boxsack auslassen konnten, weniger aggressiv als diejenigen, die in der Zwischenzeit still am Tisch gesessen hatten? Nein, ganz im Gegenteil: Die Studenten, die den Boxsack am stärksten malträtiert hatten, zeigten bei dem Spiel das aggressivste Verhalten gegenüber ihren Mitspielern. Und sie selbst waren in deutlich schlechterer Stimmung. Den Ärger »rauslassen« dämpft ihn also keineswegs. Stattdessen, wie Bushman es formuliert, ist es, als würde man versuchen, ein Feuer mit Benzin zu löschen – das Feuer brennt einfach nur noch stärker.[121] Die aggressiven Gedanken und Gefühle bleiben den betreffenden Personen länger präsent und machen sie nur noch wütender und aggressiver. Aber wenn es nicht hilft, die Wut abzulassen, was hilft dann? Und wie verhält es sich mit dem Weinen, ist das »Sichausweinen« ebenso wenig sinnvoll?

Wir gehen davon aus, dass Tränen den Kummer wegspülen können. Schon der römische Dichter Ovid, der um Christi Geburt lebte, wird mit den Worten zitiert: »Es ist eine Erleichterung zu weinen; die Betrübnis wird durch die Tränen zufriedengestellt und davon getragen.«[122] Damit vertrat er eine Ansicht, die bis heute als gängige Volksweisheit gilt. In einer Analyse von Zeitschriftenartikeln, die über 140 Jahre zurückreicht, ergab sich, dass 94% aller Artikel empfahlen, die Tränen fließen zu lassen, und viele warnten davor, dass sich die Spannungen, würden sie nicht über den Tränenfluss abgebaut, in körperlichen Krankheiten ausdrücken könnten.[123] Ist Weinen wirklich reinigend und befreit von Trauer und Stress? Ja und nein. In der Forschung herrscht noch nicht einmal Einigkeit darüber, warum erwachsene Menschen überhaupt weinen, geschweige denn, unter welchen Bedingungen es positive oder negative Wirkungen haben kann. Als gesichert gilt nur, dass es verschiedene Formen des Weinens gibt. So kann das Vergießen von Tränen Teil eines Trauerprozesses sein. Das Weinen kann aber auch, und diese Form kommt sehr viel häufiger vor, ein Ausdruck des Zorns sein. Die Emotion dahinter ist nicht die Trauer des Verlustes, sondern Wut und Verzweiflung. Nicht zu vergessen auch das Weinen aus Freude, das die Wissenschaft vor noch größere Rätsel stellt. Unter Laborbedingungen konnte gezeigt werden, dass Weinen unter Umständen sogar zu einer Steigerung der Frustration und Traurigkeit führen kann.[124] Bei Menschen, die unter einer affektiven Störung, also zum Beispiel einer Depression leiden, ist das Ergebnis eindeutig: Das Weinen lässt sie sich nur noch schlechter fühlen.[125] Der Mythos der reinigenden Tränen ist also nicht unkritisch zu übernehmen. Dabei sind die Chancen, dass Tränen tatsächlich zu einer Verbesserung der Stimmung führen, vor allem dann am größten, wenn eine andere Person dabei ist. Dann nämlich wirken sie als Kommunikationsmittel und lösen Trostreaktionen aus, die dem Weinenden tatsächlich Linderung verschaffen. Dabei zeigt sich, dass das Weinen mit genau einer anderen Person am hilfreichsten ist. Kommen weitere Personen hinzu, steigt die Wahrscheinlichkeit, dass sich der Weinende verunsichert fühlt und sich seine Stimmung durch das Weinen nicht bessert.[126] Lassen Sie den Tränen also nur dann freien Lauf, wenn Sie wirkliche Trauer verspüren. Sind es dagegen Frustration, Zorn oder Trotz, die in Ihnen hochsteigen wollen, dann unterdrücken Sie sie. Steigern Sie sich nicht noch weiter in die damit verbundenen Emotionen hinein, sondern lenken Sie sich ab, bis die Wogen wieder geglättet sind.

Die althergebrachten Ratschläge, »sich auszuweinen« und »Dampf abzulassen«, können also getrost übergangen werden. Sie mögen beliebte Weisheiten der Alltagspsychologie sein, aber sie sind schlicht falsch. Die Wissenschaft hat diese populären Vorstellungen längst überholt – es hat nur kaum jemand zur Kenntnis genommen. Wutausbrüche heizen die Wut erst richtig an, und Tränenanfälle können uns noch tiefer in die Depression treiben. Aber wie können wir diesen übermäßigen Emotionen begegnen, wenn wir ihnen nicht nachgeben wollen? Wie bereits zu Beginn des Kapitels angerissen geht es darum, zwischen Auslöser und Reaktion einen Moment innezuhalten. Wenn der Fuß erst einmal in der Tür steht, gelingt es nach und nach, die Tür jedes Mal ein Stückchen weiter aufzustoßen und so den Raum zu öffnen, der es ermöglicht, die Impulse abzumildern. Wenn wir unsere Emotionen erst einmal bewusst wahrnehmen, können wir auch deutlich erkennen, welche Verhaltensmuster und Prozesse jedes Mal neu ausgelöst werden. Und – das ist das Wichtigste – wir eröffnen uns durch dieses kurze Innehalten die Möglichkeit, Strategien zu entwickeln und zu testen, um der Vereinnahmung durch unsere Emotionen zu entkommen. Bei ausreichendem Training lassen sich so die Häufigkeit, Intensität und Dauer der emotionalen Überflutungen verringern. Der Mensch wird befähigt, auf Erlebnisse, die vorher die immer gleichen und oft ungewollten Verhaltensmuster auslösten, flexibel zu reagieren. Seine Wahrnehmung, Informationsverarbeitung und

Interaktion mit den Mitmenschen folgen keinem starren Programm mehr, sondern können selbstbestimmt der jeweiligen Situation angepasst werden. Nutzen Sie die folgenden Tipps als Trainingselemente auf Ihrem Weg zu mehr emotionaler Kontrolle.

1 Achtsamkeit und Realisierung

Der erste Schritt zur Steigerung der Fähigkeit, Emotionen zu regulieren, besteht in der Übung der Aufmerksamkeit. Nehmen Sie Ihre Gefühle bewusst wahr. Dies mag zunächst leicht klingen, ist es aber nicht. In den meisten Fällen agieren wir nämlich bereits, ohne uns bewusst zu machen, welche Emotion gerade aufgetreten ist und warum. Ist es Ärger über einen durchkreuzten Plan? Oder eine Trotzreaktion aufgrund einer vermeintlichen Verletzung? Ist es ein Gefühl der Beleidigung oder eiskalten Zorns? Emotionen haben eine Vielzahl verschiedener Spielarten. Halten Sie in der jeweiligen Situation inne und nehmen Sie das momentane Gefühl bewusst wahr. Versuchen Sie nicht, es zu verdrängen, sondern beobachten, ergründen und akzeptieren Sie es so, wie es sich gerade zeigt.

> »Denn jeder wahrnehmende Teil des Bewusstseins, der Gedanken und Emotionen als das erkennt, was sie wirklich sind, der sie akzeptieren und zulassen kann, erlaubt es einem, einen außerhalb der schmerzlichen Erfahrung liegenden Standpunkt einzunehmen, der von den Stürmen im eigenen Inneren unberührt ist.«[127]

Beobachten Sie, wie sich das Gefühl verändert, wie es stärker und schwächer wird oder in ein anderes Gefühl übergeht. Machen Sie sich klar, dass es zwei verschiedene Ebenen gibt: die Ebene des Gefühls und die Ebene des eigentlichen Problems.[128] In einem aufgewühlten Gemütszustand hat man zwar den Eindruck, beides sei zu einem unübersichtlichen Knäuel vermischt, tatsächlich aber gibt es immer diese beiden voneinander getrennten Ebenen. Je häufiger eine bewusste Achtsamkeit praktiziert wird, desto deutlicher werden die Emotionen und ihre Auslöser. Das Reflexionsvermögen wird dabei nicht nur genauer im Urteil, sondern auch schneller. Findet die Erkenntnis über die aufkommenden Emotionen und ihre Auslöser zunächst nur im Nachhinein statt, also wenn sich die Flut der Emotionen bereits wieder zurückgezogen hat, so verkürzt sich nach und nach der zeitliche Abstand, bis die Reflexion direkt nach dem Ausbruch und schließlich währenddessen stattfindet. Die Fähigkeit des bewussten Erkennens ist trainierbar, wie ein Fechter eine Parade mit Riposte trainieren kann. Je mehr Energie und Ausdauer Sie investieren, desto müheloser wird Ihnen die Reflexion fallen und desto besser werden Sie Ihre Reaktionsmuster verstehen. Von diesem Punkt aus können Sie geeignete Strategien zur Vermeidung emotionaler Vereinnahmung entwickeln und umsetzen. Was sich dabei als besonders effizient erweist, ist von Person zu Person verschieden. Es ist sinnvoll, unterschiedliche Vorgehensweisen auszuprobieren und dann an derjenigen weiterzufeilen, die den größten Erfolg verspricht. Im Folgenden werden zwei Strategien vorgestellt, die viele Menschen als sehr nützlich empfinden.

2 Intervention: Calm Down

Eine Methode der Intervention ist das Calm Down, also das »wieder Heruntersteigen« von hochkochenden Emotionen. Dies kann mittels eines Repertoires an verschiedenen Ablenkungsmöglichkeiten gelingen. Eine Ablenkung von der überwältigenden Emotion steht dabei nicht zwangsläufig im Gegensatz zu der zuvor erfolgten Achtsamkeit. Ich kann ein Gefühl sehr bewusst wahrnehmen, es als das annehmen, was es ist, und in einem zweiten Schritt versuchen, es über den Weg der Ablenkung abzuschwächen. Was Sie am besten ablenkt, Ihnen die größtmögliche Klarheit und Gelassenheit bringt, ist ganz verschieden. Ein bestimmtes Musikstück hören, einen Karamell-Macchiato trinken, Joggen oder den Schreibtisch aufräumen, es ist egal, welcher Tätigkeit Sie nachgehen, Hauptsache, Sie lösen sich aus der aktuellen Situation, bis Sie sich wieder abgekühlt haben. Im Idealfall haben Sie mit der Zeit ein Repertoire an Ablenkungsmöglichkeiten zusammengestellt, auf das Sie mit kurzer Reaktionszeit und ohne groß darüber nachdenken zu müssen, zurückgreifen können. Sie werden nämlich aller Wahrscheinlichkeit nach in der Situation selbst keine Lust auf die entsprechende Tätigkeit verspüren. Das brauchen Sie auch gar nicht, wichtig ist nur, Sie tun es trotzdem. Nachdem Sie erst mal durch den Wald gerannt sind, zehn E-Mails beantwortet oder eine Dusche genommen haben, werden Sie in jedem Fall ruhiger und kontrollierter sein. Und auf einem ruhigen Meer lässt es sich bekanntlich besser navigieren. Natürlich »wollen« Sie mitten im Sturm bleiben und im Zustand der Vereinnahmung etwa durch Wut Ihren Mitmenschen mit Vehemenz Ihren Standpunkt klarmachen. Das muss jetzt auch dringend mal gesagt werden! Nein, muss es nicht. Damit Sie sich besser aus angespannten Situationen lösen, können Sie in diesem Fall folgende List anwenden: Verschieben Sie, was Sie sagen wollen, auf später. Es ist bei aufziehendem Zorn sehr viel schwerer, sich zu entscheiden, etwas gar nicht zu sagen, als zu entscheiden, es bloß aufzuschieben. Auch wenn es Ihnen auf der Zunge brennt zu sagen, dass so ein aufgeblasener Affe wie Ihr Gegenüber mit der Zunge an die nächste Marssonde geknotet gehört – verschieben Sie es auf später. Natürlich wird später auch das Bedürfnis, dies loszuwerden, viel schwächer sein. Aber vor allem hilft es im Moment der Wut, sich vorzustellen, dass man alles noch hinausbrüllen wird, nur eben später.

3 Find the Benefits

Die Strategie des Benefit Finding wurde bereits im Kapitel über die Überwindung der Opferrolle angerissen. Es gilt als eines der erfolgversprechendsten Konzepte der neuen Stressforschung und wird gegenwärtig in einer Vielzahl von Studien untersucht. Benefit Finding bedeutet, den

Nutzen eines widrigen Ereignisses zu finden, einen Sinn darin zu erkennen. Auch wenn die Forschung hier noch am Anfang steht, so weisen die bisherigen Arbeiten bereits darauf hin, dass das Benefit Finding einen enorm positiven Einfluss auf die Verarbeitung schwieriger Situationen hat und sogar die physische Gesundheit steigern kann.[129] Ziehen Sie also Ihre Boxhandschuhe wieder aus und suchen Sie stattdessen nach Vorteilen, die Ihnen das missliebige Ereignis bringt. Und wenn es nur ist, dass Ihnen die Situation eine weitere Gelegenheit bietet zu lernen, Ihren Ärger zu kontrollieren – mindestens ein Vorteil sollte stets zu finden sein. Haben Sie durch diese Erfahrung Einblicke in die Motivlage einer anderen Person gewonnen, die Ihnen sonst verborgen geblieben wären? Waren Sie in der Lage, anders zu reagieren, als Sie es bisher gewohnt waren? Suchen Sie den Nutzen in dem, was Ihnen gerade widerfahren ist. Es muss einen geben. Dann stellen Sie diesen Nutzen in den Mittelpunkt Ihrer Gedanken. Lassen Sie nicht zu, dass Ihre Gedanken wieder auf die negativen Aspekte zurückschwenken, und beweisen Sie Ausdauer. Halten Sie Ihre Aufmerksamkeit so lange auf den Nutzen gerichtet, bis die Vorwürfe, Rechtfertigungen und Beschimpfungen allmählich in den Hintergrund treten. Das Feuer der Wut verliert seine Nahrung und erlischt.

Calm Down und Find the Benefits sind nur zwei Interventionsmöglichkeiten aus einer großen Vielzahl. Sie können dabei helfen, die eigenen Gefühle richtig zu bewerten und sich nicht von ihnen vereinnahmen zu lassen. Es sei betont, dass es nicht darum geht, negative Emotionen grundsätzlich zu meiden, sondern darum, ihnen nicht zu erlauben, alle angenehmen Stimmungen zu verdrängen.[130] Negative Emotionen müssen nicht gänzlich fehlen, sie sind ohnehin fester Teil unseres Lebens, sie dürfen uns nur nicht regelmäßig vereinnahmen und uns jegliche Möglichkeit nehmen, flexibel und angemessen auf Situationen zu reagieren. Gefühle ziehen genauso wie Gedanken an uns vorbei, wir sind nicht eins mit ihnen. Je sensibler wir dafür werden, unsere aufkommenden Gefühle frühzeitig wahrzunehmen, und je mehr Erfahrung wir darin gewinnen, uns nicht von jedem emotionalen Sturm mitreißen zu lassen, desto leichter fällt es uns.

> »Besitzt man erst einige Übung in diesem Sinne, kommen und gehen die Gedanken und Emotionen, ohne eine Fülle von zwingenden Gedanken nach sich zu ziehen, so wie ein Vogel, der durch die Lüfte fliegt, keinerlei Spur hinterlässt, oder ein Bild, das wir auf eine Wasseroberfläche zeichnen, sich im gleichen Augenblick auflöst.«[131]

Dadurch stärken wir die Kompetenz, die Salovey und Mayer erstmals 1990 unter dem Begriff »emotionale Intelligenz« fassten und die Daniel Goleman als die Fähigkeit beschreibt, »unsere eigenen Gefühle und die anderer zu erkennen, uns selbst zu motivieren und gut mit Emotionen in uns selbst und in unseren Beziehungen umzugehen«.[132] Diese Kompetenz beinhaltet nicht nur die Kontrolle negativer Emotionen und ihrer Impulse, sie beinhaltet auch die

Kontrolle anderer Impulse. Welche gravierende Auswirkungen das Vorhandensein bzw. die Abwesenheit dieser Fähigkeit hat, verdeutlicht das bereits in den 60er-Jahren von Walter Mischel durchgeführte Marshmallow-Experiment, das in den letzten Jahren wiederentdeckt und verstärkt beachtet wurde[133]:

Kinder im Alter von ca. vier Jahren wurden vor einen Tisch gesetzt, auf dem ein Marshmallow lag. Ihnen wurde vom Versuchsleiter folgender Vorschlag gemacht: Du kannst diesen Marshmallow gleich essen, oder du wartest, bis ich nach einer kurzen Erledigung wieder zurück bin. Wenn du bis dahin das erste noch nicht gegessen hast, erhältst du dann ein zweites Marshmallow als Belohnung dazu. Während einige Kinder sich das erste Marshmallow sofort, nachdem der Versuchsleiter den Raum verlassen hatte, schnappten, versuchten andere, der Versuchung zu widerstehen. Sie spielten mit ihren Händen und Füßen, sangen oder hielten sich die Augen oder den Mund zu. Nach der Rückkehr des Versuchsleiters erhielten sie, wie versprochen, auch das zweite Marshmallow. Die Tatsache, dass einige Kinder in der Lage waren, auf die sofortige Belohnung zu Gunsten einer größeren Belohnung in der Zukunft zu verzichten, andere Kinder jedoch nicht, ist wenig überraschend. Wirklich erstaunlich allerdings sind die Ergebnisse der Anschlussstudie, die 14 Jahre später erfolgte: Die gleichen Kinder, mittlerweile zu Jugendlichen herangewachsen, wurden von Mischel erneut untersucht. Dabei zeigten sich signifikante Unterschiede zwischen denjenigen

Kindern, die Jahre zuvor die Gratifikation aufgeschoben hatten, und denjenigen, die es nicht getan hatten. Die Jugendlichen, die der Versuchung widerstanden hatten, waren selbstbewusster, stressresistenter und ausgeglichener. Sie ergriffen häufiger die Initiative und gaben bei Schwierigkeiten weniger schnell auf. Ganz im Gegensatz zu denjenigen Jugendlichen, die als Kinder sofort nach dem Marshmallow gegriffen hatten. Diese waren schneller frustriert, besaßen weniger Selbstbeherrschung, zeigten schlechtere Schulleistungen und waren nicht so zuverlässig. Die Fähigkeit, Impulsen nicht nachzugeben zu müssen, bedingte also in der weiteren Entwicklung eine ganze Fülle von Erfolgen und Kompetenzen, die den anderen Kindern verwehrt geblieben waren. Ob man ein Mafiaboss oder Mahatma Gandhi werden will, so Mischel selbst, die Fähigkeit, einem Impuls zu widerstehen, um ein höheres Ziel zu erreichen, ist von grundlegender Bedeutung. Immer geht es darum, auf geringe sofortige Vorzüge zu Gunsten späterer größerer zu verzichten, ganz egal ob man einen akademischen Titel erwerben, eine Diät durchhalten oder seine Wut kontrollieren will. Wie aber gelingt einigen Menschen diese Selbststeuerung und anderen nicht? Mischels Erklärung nach Hunderten Stunden der Beobachtung der Probanden ist simpel: Der Schlüssel ist die »strategische Zuweisung von Aufmerksamkeit«. Demnach besitzen diejenigen, die in der Lage sind, auf kurzfristige Genüsse zu verzichten, nicht einfach nur eine stärkere Willenskraft, wie man im ersten Moment vermuten könnte, sondern das Geheimnis ihres Erfolgs besteht darin, dass sie sich mit einer Vielzahl Tricks und Techniken von den »heißen Stimuli« ablenken können. Sie besitzen nicht zwingend eine stärkere Selbstkontrolle, aber sie haben gelernt, die bestehende, in jedem Menschen vorhandene Selbstkontrolle besser auszuspielen. Zahlreiche Untersuchungen konnten inzwischen belegen, dass diese Fähigkeit zur Selbststeuerung einen überragenden Einfluss auf den Bildungserfolg, die Gesundheit und auf ein gelingendes Leben hat.[134] Diese Fähigkeit besitzt sogar einen höheren Einfluss auf den Schul- und Studienerfolg eines Menschen als sein Intelligenzquotient.[135] Zu trainieren, Impulsen zu widerstehen und emotionale Selbstkontrolle zu üben, wirkt sich also nicht nur auf Ihre Mitmenschen aus, es wirkt sich auch auf Ihre eigene Leistungsfähigkeit aus. Schärfen Sie Ihre Achtsamkeit für Ihre Emotionen. Erkennen Sie die Auslöser und die Angemessenheit einer emotionalen Reaktion und wählen Sie, wie Sie sich verhalten. Je souveräner Sie im Umgang mit Ihren Emotionen werden, desto mehr Klarheit tritt in Ihr Leben. Sie gewinnen die Freiheit, nicht von jedem belastenden Gefühlssturm mitgerissen werden zu müssen, sondern können diese Stürme vom stabilen Standpunkt des Gewahrseins aus vorbeiziehen lassen. Und in dem Maße, in dem Ihre Fähigkeit zu Achtsamkeit wächst, entfaltet sich zugleich der Zustand des Bliss, des tiefen und entspannten Glücks.

The Breakthrough oder welche Wege zu Bliss führen

»Das Durchschnittliche gibt der Welt ihren Bestand, das Außergewöhnliche ihren Wert.«
Oscar Wilde

Das Erstaunlichste am Leben ist, dass unsere eigene Freiheit und das Erleben tiefen Glücks zu jedem Zeitpunkt nur einen Steinwurf weit entfernt sind. Sobald wir erkennen, was uns hindert, dorthin zu gelangen, haben wir schon den ersten Schritt getan, den Weg zu finden. In Freiheit ist die Welt grenzenlos. Wir können unendlich viel ausprobieren, unendlich oft scheitern, unendlich viel lernen. Unser Geist ist klar und voller Energie. Erleben wir uns jedoch als unfrei, werden wir matt und kraftlos. Äußere Einflüsse und immer wiederkehrende negative Gedanken kontrollieren unsere Wahrnehmung. Die Wirklichkeit schmeckt dann schnell schal und verkommt zu einer Enttäuschung, wo Erfolg und Erfüllung nur anderen Menschen, nicht aber einem selbst vergönnt zu sein scheinen.

Die vorangegangenen Ausführungen haben deutlich werden lassen, welche Paradigmen uns am Erleben der wahren Freiheit hindern können. Oft identifizieren wir uns mit etwas, das an unserem wahren Selbst vorbeigeht.

In der Folge sind wir unentwegt gehetzt und erliegen dem Eindruck, niemals irgendwo anzukommen. Da wir einem Trugbild nachjagen, kommen wir tatsächlich nie bei uns selbst an. Wir hören auf die Stimme in unserem Kopf und halten sie für die Essenz dessen, was wir sind. Wir nehmen sie bitter ernst, hören ihren endlosen Wiederholungen zu, sprechen ihr unreflektiert absoluten Wahrheitsgehalt zu und lassen uns von ihr diktieren, worauf wir unsere Aufmerksamkeit richten. Wir identifizieren uns mit dem Ego und betrachten die Welt aus seiner verengten Perspektive. Wenn Sie aber damit brechen, wenn es Ihnen gelingt, sich vom Paradigma des Ego zu befreien und eine Position reiner Präsenz einzunehmen, dann erleben Sie eine tiefe Gelassenheit, die Ihnen zuvor nicht zugänglich war. Sie nehmen die Freiheit wahr, nicht jedem Gedanken folgen zu müssen, sondern wählen zu können. Sobald Sie auf diese Weise einen Schritt zurücktreten und den reißenden Strom Ihrer Gedanken betrachten, werden Sie nicht mehr davon mitgerissen. Freiheit und ein Leben im Bliss entfalten sich.

Nicht selten lassen wir auch zu, dass unsere Vergangenheit den Pfad vorgibt, auf dem wir in die Zukunft zu gehen haben. Die Geschichte, die wir uns und anderen von unserem Leben erzählen, halten wir für eine unumstößliche Wahrheit. Schließlich können wir uns daran erinnern, sie selbst erlebt zu haben. Wir vertrauen blind einem Gedächtnis, das niemals darauf angelegt war, ein getreues Abbild der Wirklichkeit zu schaffen. Es war immer schon flexibel und leicht manipulierbar. Dennoch halten wir unsere eigene Lebensgeschichte für in Stein gemeißelt. In Wirklichkeit aber besteht unsere Erinnerung aus Knetmasse, wir haben nur das Gespür dafür verloren, dass wir sie formen können. Und je häufiger wir die gleiche Geschichte erzählen, desto mehr erliegen wir dem Eindruck, sie sei unveränderlich und habe sich in genau und ausschließlich mit den Facetten zugetragen, an die wir uns erinnern. Wir lassen zu, dass sich unsere zukünftigen Möglichkeiten immer mehr auf das beschränken, was sich stimmig in diese Geschichte fügt. Jeder Handlungsverlauf erzwingt Stringenz. Auf diese Art fesseln wir uns selbst, wir erleben die immer gleichen Situationen, treffen die immer gleichen Entscheidungen und leiden an den immer gleichen Resultaten. Wir sind Marionetten eines Drehbuchs, das wir selbst geschrieben haben. Wenn Sie aber dieses Paradigma durchbrechen, wenn Sie sich entschließen, sich nicht mehr mit dieser bestimmten Geschichte zu identifizieren, dann stehen Ihnen mit einem Mal alle Wege offen. Die Beschränkungen, in eine vorgegebene Richtung gehen zu müssen, brechen im Licht des Gewahrseins plötzlich in sich zusammen. Ganz egal, was in der Vergangenheit geschehen ist: Jetzt in diesem Moment sind Sie frei zu tun, was Sie wollen. Nichts hindert Sie. Sie sind der Regisseur Ihres Lebens, und Sie können genau den Film drehen, den Sie sehen möchten.

Andere Einschränkungen, denen wir uns unterwerfen, schmälern unsere Freiheit nicht minder: So werden Äußerlichkeiten oder materielle Besitztümer leicht zu zentralen Lebensmittelpunkten überhöht, die alles andere verdrängen. Finanzieller Wohlstand und Aussehen bieten sich als Navigationspunkte in einer hoffnungslos unübersichtlichen Welt geradezu an. Doch der Preis, zu dem sie Orientierung bieten, ist hoch: Das Innere bleibt leer, und die fehlende Erfüllung spiegelt sich zurück auf die Welt, die dann oberflächlich und schal erscheint. Das Paradigma der Äußerlichkeiten führt dazu, dass man ständig nach mehr hungert und niemals die tiefe Ruhe erlebt, bei sich selbst anzukommen. Wenn man mehr will als die bloße Oberfläche und diesen Filter durchbricht, entfalten sich die Fülle und Vielfalt, die diese Welt zu bieten hat. Und indem man sich von dieser einseitigen Perspektive löst, gerät man zugleich ins Gleichgewicht. Die getriebene Bindung an die Welt der Dinge wird aufgehoben, und an ihre Stelle treten Ausgeglichenheit und die entspannte Sicherheit, so fest verwurzelt zu sein, dass ein Sturm an der Oberfläche die eigene Person nicht umzuwerfen vermag.

Um ein Leben in Bliss zu leben, wie wir es uns wünschen, müssen wir uns nicht nur vom Ballast falscher Identifikation befreien, wir müssen auch diejenigen Denkmuster radikal beenden, die uns an der Verwirklichung unserer Ziele hindern. Die häufigsten Paradigmen dieser Art drehen sich um unsere eigene Macht- und Hilflosigkeit. Wenn ich glaube, nichts bewirken zu können und Opfer der Umstände zu sein, kann ich auch nicht die Kraft entwickeln, die für die Verwirklichung der eigenen Ziele erforderlich ist. Ich werde stattdessen in einem Zustand passiver Starre verharren und zulassen, dass ich tatsächlich keinen Einfluss darauf habe, was geschieht. So werde ich selbst zum Baumeister meiner Gitterstäbe. Ein erfüllendes und erfolgreiches Leben ist aber nie das Resultat seiner äußeren Umstände. Es ist das Resultat bewusster Entscheidungen, wie man denken und handeln will. Wie der Schriftsteller James Allen treffend formulierte: »Die Umstände machen einen Mann nicht. Sie enthüllen ihn.« Ganz egal, von welchem Punkt aus Sie gestartet sind, welche Vergangenheit Sie haben oder welchen Zwängen Sie sich gerade unterworfen fühlen: Jetzt in diesem Moment stehen Ihnen alle Wege offen. Sie allein entscheiden darüber, wie Sie denken und handeln und Sie allein entscheiden, welche Wände sich vor Sie schieben oder welche Wände Sie einreißen.

Wenn Sie beginnen, Ihre Aufmerksamkeit für das zu schärfen, was Sie einschränkt, werden Sie entdecken, dass vieles von dem, was Ihnen früher unumgänglich schien, in Wahrheit nichts weiter als eine Reihe selbsterrichteter Blockaden ist. Blockaden, die Sie durchbrechen können: Zeit ist nicht mehr länger etwas, auf das Sie keinen Einfluss besitzen. Sie bestimmen selbst, ob Sie in der Vergangenheit, Zukunft oder Gegenwart leben. Ihr Geist lernt, mehr und mehr Zeit im gegenwärtigen Moment zu verbringen und die Lebendigkeit des Hier und Jetzt auszuschöpfen. Das vermeintliche Fehlverhalten anderer Menschen ist nicht länger ein Ärgernis, dem Sie hilflos ausgeliefert sind. Sie erkennen stattdessen, wie oft es sich nur um einen inneren Widerstand gegen den Verstoß eines erlernten Programms handelt. Und da der Widerstand in Ihnen verwurzelt ist, besitzen Sie auch die Kontrolle darüber. Sie können bestimmen, ob Sie nur das ertragen können, was Ihnen ähnlich ist, oder ob Sie offen, wissbegierig und Neuem gegenüber aufgeschlossen sind. Auch die negativen Emotionen, die Sie früher wie eine Flutwelle mitgerissen haben, besitzen nicht mehr die Macht der Unumgänglichkeit. Sie finden Wege, souverän mit ihnen umzugehen, sich nicht von jeder Woge fortspülen zu lassen und nicht jedem daraus erwachsenden Handlungsimpuls folgen zu müssen. Bewusste, ausgewogene Entscheidungen und ein sicherer Umgang mit Ihnen selbst ersetzen das Durcheinander unkontrollierter, tobender Emotionen. Sie sind in sich gefestigt, kennen sich und Ihre Impulse und finden intelligente und kreative Wege, Schwierigkeiten kompetent zu meistern.

Wenn Sie Ihre eigene Macht erst einmal begriffen haben, wenn Sie erfahren haben, dass Sie in der Lage sind, belastende Paradigmen zu durchbrechen, dann wird eine Entwicklung in Gang gesetzt, in deren Zuge Sie mehr und mehr Freiheit gewinnen. Je mehr Sie verstehen und je mehr Sie bewusst darüber bestimmen, welchen Gedanken- und Handlungsmustern Sie folgen, desto weniger Widerstände, Hemmnisse und Kämpfe werden Sie ausfechten. All die Energie, die bisher von den blockierenden Denkmustern verzehrt wurde, wird freigesetzt. Sie besitzen die Kraft und den Mut, neue Herausforderungen anzugehen und Ihre Ziele zu verwirklichen. Was vorher fragmentiert und unklar schien, fügt sich nun in Stimmigkeit. Ihr Geist wird vollkommen klar. Sie erleben Bliss und sind da, wo Sie immer hinwollten.

Anmerkungen

1 Platon 1987: Theaetetus, Translator Waterford, Robin H., London: Penguin Books, S. 189.

2 Vgl. Heavey, Christopher L./Hurlburt, Russell T. 2008: The phenomena of inner experience, in: Consciousness and Cognition, 17, 3, S. 798–810; Hurlburt, Russell T./Schwitzgebel, Eric 2007: Describing Inner Experience?: Proponent Meets Skeptic, Cambridge: MIT Press; Hurlburt, Russell T. 1990: Sampling normal and schizoprenic inner experience, New York: Plenum Press.

3 Scheier, Christian/Held, Dirk 2010: Wie Werbung wirkt, Freiburg: Haufe, S. 53.

4 Siegel, Daniel J. 2010: Wie wir werden, die wir sind. Neurobiologische Grundlagen subjektiven Erlebens und die Entwicklung des Menschen in Beziehungen, 2. Aufl., Paderborn: Junfermann Verlag, S. 145.

5 Vgl. Rees, Geraint/Frith, Christopher D./Lavie, Nilli 1997: Modulating Irrelevant Motion Perception by Varying Attentional Load in an Unrelated Task, in: Science, 278, 5343, S. 1616–1619.

6 Siegel, Daniel J. 2010: Wie wir werden, die wir sind. Neurobiologische Grundlagen subjektiven Erlebens und die Entwicklung des Menschen in Beziehungen, 2. Aufl., Paderborn: Junfermann Verlag, S. 174.

7 Taylor, Jill B. 2008: Mit einem Schlag. Wie eine Hirnforscherin durch ihren Schlaganfall neue Dimensionen des Bewusstseins entdeckt, München: Knaur, S. 88 ff.

8 Csikszentmihalyi, Mihaly 2010: Flow – Das Geheimnis des Glücks, 15. Aufl., Stuttgart: Klett-Cotta, S. 92.

9 Steve McKinney 1975: Interview SKI magazine Spring/March 1975, zitiert nach: Ilg, Steve 1999: The Winter Athlete: Secrets of Holistic Fitness for Outdoor Performance, Boulder: Johnson Books, S. 77.

10 Vgl. McConnell, James 1962: Memory transfer through cannibalism in planarium, in: Journal of Neuropsychiatry, 3, 1, S. 542–548.

11 Buchwald, Art 1966, zitiert nach: R., Th. v. 1966: Wie wird Erfahrung gelöscht?, in: DIE ZEIT, 18.02.1966, Ausgabe 8, S. 36.

12 Vgl. Roth, Gerhard 2003: Aus Sicht des Gehirns, Frankfurt a. M.: Suhrkamp, S. 90 f.
13 Suddendorf, Thomas/Corballis, Michael C. 2007: The evolution of foresight: What is mental time travel, and is it unique to humans?, in: Behavioral and Brain Sciences, 30, S. 299.
14 Vgl. ebd., S. 299–351.
15 Rüschemeyer, Georg 2005: Ein Betrüger namens Gedächtnis, in: Frankfurter Allgemeine Sonntagszeitung, 18.09.2005, Nr. 37, S. 75.
16 Kihlstrom, John F./Dorfman, Jennifer/Park, Lillian 2007: Implicit and Explicit Memory and Learning, in: Velmans, Max/Schneider, Susan (Hrsg.): The Blackwell Companion to Consciousness, Malden: Blackwell Publishing, S. 526, (Original: »In the final analysis, memories are beliefs, and remembering an event is more like writing a story from fragmentary notes than reading it from a book.«).
17 Linden, David J. 2011: Das Gehirn – Ein Unfall der Natur und warum es dennoch funktioniert, Reinbek bei Hamburg: Rowohlt, S. 143.
18 Loftus, Elizabeth F. 2003: Our changeable memories: legal and practical implications, in: Nature Reviews Neuroscience, 4, S. 232.
19 Loftus, Elizabeth F./Ketcham, Katherine 1994: The myth of repressed memory, New York: St. Martin's Press, S. 99.
20 Vgl. Graeser, Andreas 1992: Interpretationen: Hauptwerke der Philosophie: Antike, Stuttgart: Reclam, S. 42.
21 Vgl. WDR 2005: Unser tägliches Sterben, Script zur Sendereihe WDR Quarks & Co, http://www.wdr.de/tv/ quarks/global/pdf/Q_Sterben.pdf [aufgerufen am 11.09.2010].
22 Ekman, Paul 2010: Gefühle lesen, 2. Aufl, Heidelberg: Spektrum Akademischer Verlag, S. 19.
23 Ebd., S. 51 f.
24 Ebd., S. 51.
25 Siehe z. B. Strack, Fritz/Martin, Leonard L./Stepper, Sabine 1988: Inhibiting and facilitating conditions of the human smile: A nonobtrusive test of the facial feedback hypothesis, in: Journal of Personality and Social Psychology, 54, 5, 768–777; Ek-

man, Paul/Davidson, Richard J./Friesen, Wallace V. 1990: The duchenne smile: emotional expression and brain physiology, in: Journal of personality and Social Psychology, 58, 2, 342–353; Ekman, Paul/Davidson, Richard J. 1993: Voluntary Smiling changes regional brain activity, in: Psychological Science, 4, 5, S. 342–345.

26 Siegel, Daniel J. 2010: Wie wir werden, die wir sind. Neurobiologische Grundlagen subjektiven Erlebens und die Entwicklung des Menschen in Beziehungen, 2. Aufl., Paderborn: Junfermann Verlag, S. 176.

27 Ebd.

28 Vgl. Briñol, Pablo/Petty, Richard E./Wagner, Benjamin 2009: Body posture effect on self-evaluation: a self-validation approach, in: European Journal of Social Psychology, 39, 6, 1053–1064.

29 Riskind John H./Gotay, Carolyn C. 1982: Physical posture: Could it have regulatory or feedback effects on motivation and emotion?, in: Motivation and Emotion, 6, 3, 273–298.

30 Suzuki, Shunryu 2005: Zen Mind, Beginner's Mind. Informal Talks on Zen Meditation and Practice, Boston: Weatherhill, 5. Aufl., S. 27 (deutsche Übersetzung 2009: Zen-Geist, Anfänger-Geist: Unterweisungen in Zen-Meditation, 2. Aufl., Freiburg, Herder Verlag).

31 Vgl. z. B. Biddle, Stuart J. H./Mutrie, Nanette 2008: Psychology of Physical Activity. Determinants, Well-Being and Interventions, 2. Aufl., Abingdon: Routledge.

32 Klein, Stefan 2009: Die Glücksformel, Reinbek bei Hamburg: Rowohlt, 16. Aufl., S. 188.

33 Hüther, Gerald 2010: *Wie Embodiment neurobiologisch erklärt werden kann,* in: Storch, Maja/Cantieni, Benita/Hüther, Gerald/Tschacher, Wolfgang (Hrsg.): Embodiment, 2. Aufl., Bern: Hans Huber, S. 95.

34 Vgl. Wolfe, John B. 1936: Effectiveness of Token-rewards for Chimpanzees, in: Comparative Psychology, Monographs, 12, 5, S. 1–72.

35 Vgl. Scally, Aylwyn et. al. 2012: Insights into hominid evolution from the gorilla genome sequence, in: Nature, 483, S. 169–175.

36 Myers, David G. 2000: *The Funds, Friends, and Faith of Happy People*, in: American Psychologist, 55, 1, S. 58.
37 Klein, Stefan 2009: Die Glücksformel, Reinbek bei Hamburg: Rowohlt, 16. Aufl., S. 233.
38 Diener, Ed/Biswas-Diener, Robert 2002: Will Money Increase Subjective Well-Being?, in: Social Indicators Research, 57, S. 119–169.
39 Maslow, Abraham 1954, zitiert nach: Hülsmann, Jörg Guido/Kinsella, Stephan 2009 (Hrsg.): Property, Freedom, Society, Auburn: Ludwig von Mises Institute, S. 240.
40 Kahneman, Daniel/Deaton, Angus 2010: High income improves evaluation of life but not emotional well-being, in: Proceedings of the National Academy of Sciences, 107, 38, S. 16489–16493.
41 Bucher, Anton A. 2009: Psychologie des Glücks, Weinheim: Beltz, S. 86.
42 Myers, David G./Diener Ed 1996: The Pursuit of Happiness: New Research Uncovers Some Anti-Intuitive Insights into how many People are Happy – and why, in: Scientific American, 5, S. 55.
43 Myers, David G. 2000: The Funds, Friends, and Faith of Happy People, in: American Psychologist, 55, 1, S. 60.
44 Ryan, Richard M. et al. 1999: The American dream in Russia: Extrinsic aspirations and well-being in two cultures, in: Personality and Social Psychology, 25, S. 1509–1524; Kasser, Tim et al. 1993: A dark side of the American dream: Correlates of financial success as a central life aspiration, in: Journal of Personality and Social Psychology, 63, S. 410–422; Kasser, Tim 1996: Further examining the American dream: Differential correlates of intrinsic and extrinsic goals, in: Personality and Social Psychology Bulletin, 22, S. 280–287; Schmuck, Peter et al. 2000: Intrinsic and extrinsic goals: Their structure and relationship to well-being in German and US college students, in: Social Indicators Research, 50, S. 225–241; zitiert nach Klein, Stefan 2009: Die Glücksformel, Reinbek bei Hamburg: Rowohlt, 16. Aufl., S. 234.
45 Srivastava, Abhishek et. al. 2001: Money and subjective well-being. It's not the money, it's the motives, in: Journal of Personality and Social Psychology, 80, S. 959–971, zitiert nach Bucher, Anton A. 2009: Psychologie des Glücks, Weinheim: Beltz, S. 88.

46 Quoidbach, Jordi/Dunn, Elizabeth, W./Petrides, K.V./Mikolajczak 2010: Money Giveth, Money Taketh Away: The Dual Effect of Wealth on Happiness, in: Psychological Science, 21, 6, S.759–763.
47 Boven, Leaf Van/Gilovich, Thomas 2003: To Do or to Have? That Is the Question, in: Journal of Personality and Social Psychology, 85, 6, S. 1193–1202.
48 Ebd., S.1200.
49 Kasser, Tim/Ryan, Richard M. 1996: Further examining the American dream: Differential correlates of intrinsic and extrinsic goals, in: Personality and Social Psychology Bulletin, 22, 280–287, zitiert nach Boven, Leaf Van/Gilovich, Thomas 2003: To Do or to Have? That Is the Question, in: Journal of Personality and Social Psychology, 85, 6, S. 1200.
50 Boven, Leaf Van/Gilovich, Thomas 2003: To Do or to Have? That Is the Question, in: Journal of Personality and Social Psychology, 85, 6, 1193–1202, S. 1200.
51 Ebd., S. 1201.
52 Techniker Krankenkasse/F.A.Z.-Institut 2009: Kundenkompass Stress. Aktuelle Bevölkerungsbefragung: Ausmaß, Ursachen und Auswirkungen von Stress in Deutschland, Frankfurt: F.A.Z.-Institut, S. 4.
53 Landes, David S. 2000: Revolution in Time: Clocks and the Making of the Modern World, Belknap Press.
54 Gleik, James 2000: Faster: The Acceleration of Just About Everything, Vintage.
55 Newton, Isaac 1687: Philosophiae Naturalis Principia Mathematica, deutsche Ausgabe: Mathematische Prinzipien der Naturlehre.
56 Original: »Tempus absolutum, verum et mathematicum in re et natura sua sine relatione ad externum quodvis aequabiliter fluit alioque nomine dicitur duratio. Relativum, apparens et vulgare est sensibilis et externa quaevis durationis per motum mensura.« (Nat. philos. def. VIII).
57 Greene, Brian 2004: Der Stoff, aus dem der Kosmos ist, Siedler Verlag, S. 166.
58 Baer, Karl Ernst von 1860: Welche Auffassung der lebenden Na-

tur ist die Richtige? Und wie ist diese Auffassung auf die Entomologie anzuwenden?, Rede zur Eröffnung der Russischen entomologischen Gesellschaft, hier abgedruckt in: Volmar, Axel (Hrsg.) 2009: Zeitkritische Medien, Berlin: Kadmos, S. 50.

59 Ebd., S. 54.

60 Ebd. S. 58.

61 Levine, Robert 2009: Eine Landkarte der Zeit, 15. Aufl., München: Piper, S. 277.

62 Freedman, Jonathan/Edwards, Donald 1988: Time pressure, task performance, and enjoyment, in: McGarth, J.E. (Hrsg.): The Social Psychology of Time: New Perspectives, Kalifornien: Newbury Park, S. 113–133, zitiert nach Levine Robert 2009: Eine Landkarte der Zeit, 15. Aufl., München: Piper, S. 275.

63 Zitiert nach: Horn, Christoph 1998: Antike Lebenskunst. Glück und Moral von Sokrates bis zu den Neuplatonikern, München, Beck, S. 39.

64 Vgl. z. B. Irving, Julie Anne/Dobkin, Patricia L./Park, Jeeson 2009: Cultivating mindfulness in health care professionals: a review of empirical studies of mindfulness-based stress reduction (MBSR), in: Complementary Therapies in Clinical Practice, 15, S. 61–66; Grossman, Paul/Niemann, Ludger/Schmidt, Stefan/Walach, Harald 2004: Mindfulness-based stress reduction and health benefits: A meta-analysis, in: Journal of Psychosomatic Research, 57, 1, S. 35–43; Majumdar, Marcus/Grossman, Paul/Dietz-Waschkowski, Barbara/Kersig, Susanne/Walach, Harald 2002: Does Mindfulness Meditation Contribute to Health? Outcome Evaluation of a German Sample, in: The Journal of Alternative and Complementary Medicine, 8, 6, S. 719–730.

65 Vgl. Brefczynski-Lewis, J.A./Lutz, A./Schaefer, H.S./Levinson, D.B./Davidson, R.J. 2007: Neural correlates of attentional expertise in long-term meditation practitioners, in: Proceedings of the National Academy of Sciences of the United States of America, 104, 27, S. 11483–11488.

66 Deutsche Presse Agentur 2011: Meditation verändert das Gehirn, in: Berliner Zeitung, 23.11.2011, Ausgabe 274, S. 13.

67 Vgl. Tang, Yi-Yuan/Lu, Quilin/Fan, Ming/Yang, Yihong/Posner,

Michael I. 2012: Mechanisms of white matter changes induced by meditation, in: Proceedings of the National Academy of Sciences, 109, 26, S. 10570–10574.

68 Zitiert nach: Westdeutscher Rundfunk Köln 2009: WDR Lebenszeichen vom 12.07.2009, Das Mysterium findet im Hauptbahnhof statt, von Burkhard Reinartz.

69 Nagel, Thomas 1974: What is it like to be a bat?, in: Philosophical Review, 83, S. 435–450, Wiederabdruck u. a. in Bieri, Peter 2007: Analytische Philosophie des Geistes, 4. Aufl., Weinheim: Beltz Verlag, S. 264.

70 Zapka, Manuela et al. 2009: Visual but not trigeminal mediation of magnetic compass information in a migratory bird, in: Nature, 461, S. 1274–1277.

71 Frankfurter Allgemeine Zeitung 2002: Das »Y« ist grau, das »A« ist rot, 19. Mai 2002, http://www.faz.net/s/Rub02DBAA63F9EB43CEB421272A670A685C/Doc~EB68D5CD26B2B45ECA6720C302460F45D~ATpl~Ecommon~Scontent.html [aufgerufen am 04.09.2010].

72 Dawkins, Richard 1976: Das egoistische Gen, Reinbek bei Hamburg: Rowohlt, überarbeitete Neuauflage 1996, S. 292 ff.

73 Ebd.

74 Ebd.

75 Locke, John 1690: Versuch über den menschlichen Verstand: Band 1, Philosophische Bibliothek Band 75, 5. Aufl., 2000, Hamburg: Felix Meiner Verlag, S.103.

76 Birkenbihl, Vera F. 1999: Der Birkenbihl Power-Tag, 4. Aufl., Landsberg am Lech: Verlag Moderne Industrie, S.168 f.

77 Beispiel von Birkenbihl, Vera F. 2005: Pragmatische Esoterik, Vortrag.

78 1Vgl. Birkenbihl, Vera F. 2001: Erfolgstraining, 12. Aufl., Landsberg am Lech: MVG-Verlag.

79 Brode, Jacobs zitiert in: Brooks Robert/Goldsteins Sam 2003: The Power of Resilience, New York: McGraw & Hill, S. 207 (»In order to profit from your mistakes you have to go out and make some.«).

80 McKenna, Paul 2004: Change Your Life in 7 Days, London: Bantam Press, S. 68.

81 Original: »Would you like me to give you a formula for success? It's quite simple, really. Double your rate of failure. You're thinking of failure as the enemy of success. But it isn't at all ... you can be discouraged by failure or you can learn from it. So go ahead and make mistakes. Make all you can. Because, remember that's where you'll find success. On the far side.«

82 Vgl. z.B. McCullough, Michael E./Root, Lindsey M./Cohen, Adam D. 2006: Writing About the Benefits of an Interpersonal Transgression Faciliates Forgiveness, in: Journal of Consulting and Clinical Psychology, 74, 5, S. 887–897.

83 Lyubomirsky, Sonja 2007: Glücklich sein. Warum Sie es in der Hand haben, zufriedener zu leben, Frankfurt a.M.: Campus, S. 186.

84 Siehe z.B. Enright, Robert D./Fitzgibbons, Richard P. 2000: Helping clients to forgive, Washington, DC: APA; Karremans, Johan C./van Lange, Paul A.M./Ouwerkerk, Jaap W./Kluwer, Esther S. 2003: When forgiving enhances psychological well-being: The role of interpersonal commitment, in: Journal of Personality and Social Psychology, 84, S. 1011–1026.

85 Witvliet, Charlotte van Oyen/Ludwig, Thomas E./Vander Laan, Kelly L. 2001: Granting forgiveness of harbouring grudes: Implications for emotion, physiology, and health, in: Psychological Science, 12, S. 117–123.

86 Schwennen, Christian 2004: Verzeihen, in: Auhagen, Ann Elisabeth (Hrsg.): Positive Psychologie, Weinheim: Beltz, S. 143.

87 Enright, R.D./Fitzgibbons, R.P. 2000: Helping cliento forgive, Washington, D.C.: APA, zitiert nach: Schwennen, Christian 2004: Verzeihen, in: Auhagen, Ann Elisabeth (Hrsg.): Positive Psychologie, Weinheim: Beltz, S. 141.

88 Lyubomirsky, S. 2007: Glücklich sein. Warum Sie es in der Hand haben, zufriedener zu leben, Frankfurt a.M.: Campus, S. 193.

89 Vgl. Ammon, Stefanie 2006: Commitment, Leistungsmotivation, Kontrollüberzeugung und erlebter Tätigkeitsspielraum von Beschäftigten in Unternehmen und Behörden im Vergleich, Berlin: LIT, S. 106.

90 Schütz, Astrid/Hoge, Lasse 2007: Positives Denken, Stuttgart: W. Kohlhammer, S. 29.

91 Vgl. ebd., S. 29.
92 Bandura, Albert 1997: Self-efficacy: The exercise of control, New York: Freeman, S. 396.
93 Schwarzer, Ralf/Jerusalem, Matthias 2002: Das Konzept der Selbstwirksamkeit, in: Zeitschrift für Pädagogik, 44, S. 36.
94 Bandura, Albert 1997: Self-efficacy: The exercise of control, New York: Freeman.
95 Vgl. Seligman, Martin E. P. 1999: Erlernte Hilflosigkeit, 3. Aufl., Weinheim: Beltz, S. 19 ff.
96 Ebd., S. 20.
97 Hiroto, Donald S. 1974: Locus of control and learned helplessness, in: Journal of Experimental Psychology, 102, S. 187–193, zitiert nach Seligman, Martin E. P. 1999: Erlernte Hilflosigkeit, 3. Aufl., Weinheim: Beltz, S. 27 f.
98 Flora, Stephen Ray 2004: The Power of Reinforcement, New York: State University of New York Press, S. 202.
99 Covey, Stephen R. 2004: The 7 Habits of Highly Effective People, New York: Free Press, S. 84.
100 Platon: Timaios, S. 69c ff.
101 Zitiert nach Roth, Gerhard 2001: Fühlen, Denken, Handeln – wie das Gehirn unser Verhalten steuert, Frankfurt a. M.: Suhrkamp, S. 287.
102 Roth, Gerhard 2003: Aus Sicht des Gehirns, Frankfurt a. M.: Suhrkamp, S. 162.
103 Ebd., S. 164.
104 Ekman, Paul 2010: Gefühle lesen, 2. Aufl, Heidelberg: Spektrum Akademischer Verlag, S. 1 ff.
105 Ebd., S. 55.
106 Klein, Stefan 2009: Die Glücksformel, Reinbek bei Hamburg: Rowohlt, 16. Aufl., S. 46.
107 Ito, Tiffany A./Larse, Jeff T./Smith, Kyle N./Cacciopo, John T. 1998: Negative information weighs more heavily on the brain, in: Journal of Personality and Social Psychology, 75, S. 887–900, zitiert nach Klein, Stefan 2009: Die Glücksformel, Reinbek bei Hamburg: Rowohlt, 16. Aufl., S. 46.
108 Vgl. Kahneman, D./Tversky, A. 1984: Choices, Values, and Frames, in: American Psychologist, 39, S. 341–350.

109 Zimbardo, Philip G. 1995: Psychologie, 6. Aufl., Heidelberg: Springer, S. 471.
110 Ebd., S. 470.
111 Ekman, Paul 2010: Gefühle lesen, 2. Aufl, Heidelberg: Spektrum Akademischer Verlag, S. 29.
112 Ebd., S. 42.
113 Vgl. Calkins, Susan D. 1994: Origins and outcomes of individual differences in emotion regulation, in: Monographs of the Society for Research in Child Development, 59, 2–3, 240, S. 53–72.
114 Siegel, Daniel J. 2010: Wie wir werden, die wir sind. Neurobiologische Grundlagen subjektiven Erlebens und die Entwicklung des Menschen in Beziehungen, 2. Aufl., Paderborn: Junfermann Verlag, S. 178.
115 Vgl. Goleman, Daniel 2011: EQ. Emotionale Intelligenz, 22. Aufl., München: dtv.
116 Vgl. Siegel, Daniel J. 2010: Wie wir werden, die wir sind. Neurobiologische Grundlagen subjektiven Erlebens und die Entwicklung des Menschen in Beziehungen, 2. Aufl., Paderborn: Junfermann Verlag, S. 287.
117 Ekman, Paul 2010: Gefühle lesen, 2. Aufl., Heidelberg: Spektrum Akademischer Verlag, S. 64 ff.
118 Sroufe, Alan L. 1995: Emotional development: The organization of emotional life in the early years, Cambridge Studies in Social & Emotional Development, Cambridge: Cambridge University Press, S. 159.
119 Bushman, Brad J. 2002: Does Venting Anger Feed or Extinguish the Flame? Catharsis, Rumination, Distraction, Anger and Aggressive Responding, in: Personality and Social Psychology Bulletin, 28, S. 725.
120 Ebd., S. 724–731.
121 Ebd., S. 729.
122 Zitiert nach Lutz, Tom 1999: Crying. The natural and cultural history of tears, New York: Norton, S. 118.
123 Cornelius, Randolph R. 1986: Prescience in the pre-scientific study of weeping? A history of weeping in the popular press from the mid-1800's to the present, Paper presented at the 57th Annual Meeting of the Eastern Psychological Association, New

York, zitiert nach Vingerhoets, J.J.M./Scheirs, Jan G.M. 2001: Crying and Health, in: Vingerhoets, J.J.M./Cornelius, Randolph R. (Hrsg.): Adult Crying. A Biopsychosocial Approach, Hove: Brunner-Routledge, 227–246, S. 227.

124 Vgl. z.B. Labott, Susan M./Teleha, Mary K. 1996: Weeping Propensity and the Effects of Laboratory Expression or Inhibition, in: Motivation and Emotion, 20, 3, S. 273–284.

125 Vgl. Rottenberg, Jonathan/Bylsma, Lauren M./Vingerhoets, J.J.M. 2008: Is Crying Beneficial?, in: Current Directions in Psychological Science, 17, 6, S. 400–404.

126 Vgl. ebd.

127 Kabat-Zinn, Jon 2009: Gesund durch Meditation, 7. Aufl., Frankfurt a.M.: Fischer, S. 254.

128 Ebd., S. 258.

129 Vgl. z.B. McCullough, Michael E./Root, Lindsey M./Cohen, Adam D. 2006: Writing About the Benefits of an Interpersonal Transgression Faciliates Forgiveness, in: Journal of Consulting and Clinical Psychology, 74, 5, 887–897; Bower, Julienne B./ Moskowitz, Judith T./Epel, Elissa 2009: Is Benefit Finding Good for Your Health? Pathways Linking Positive Life Changes After Stress and Physical Health Outcomes, in: Current Directions in Psychological Science, 18, 6, S. 337–341.

130 Goleman, Daniel 2011: EQ. Emotionale Intelligenz, 22. Aufl., München: dtv, S. 80.

131 Goleman, Daniel 2003: Dialog mit dem Dalai Lama. Wie wir destruktive Emotionen überwinden können, München: Carl Hanser, S. 138.

132 Goleman, Daniel 2000: Der Erfolgsquotient, München: dtv, S. 387.

133 Vgl. z.B. Mischel, Walter/Shoda, Yuichi/Rodriguez, Monica L. 1998: Delay of Gratification in Children, in: Science, 244, 4907, S. 933–938.

134 Ernst, Heiko 2010: Wenn Aufschieben zur Tugend wird, in: Psychologie Heute, 1/2010, S. 1.

135 Duckworth, Angela L./Seligman, Martin E.P. 2005: Self-Discipline Outdoes IQ in Predicting Academic Performance of Adolescents, in: Psychological Science, 16, 12, S. 939–944.

Register